Gibt es das eigentlich: eine Mahlzeit, die Schmerz lindert, die Seele wärmt, Grübelfalten glättet und Unruhe beseitigt? Gisela Krahl weiß Rat – sie zeigt, wie man Beruhigung und Konzentration löffelt, wie man sich Mut einverleibt und wie Lust und Liebe schmecken. Beim Nachkochen der über 100 Rezepte können Sie selbst ausprobieren, welches Essen Labsal für Ihre Seele ist. Wer Heißhunger auf Süßes, auf einschmeichelndes Fett, auf einen richtigen Proteinstoß oder scharfe Gewürze verspürt, sollte diesen Bedürfnissen nach-gehen: Verkneifen Sie sich nichts, aber machen Sie sich be-wußt, warum Sie etwas Bestimmtes brauchen, gönnen Sie es sich entschieden und nicht nebenbei genascht, sondern als genußvolle Mahlzeit. Das Kochbuch für alle, die bei einem Stimmungstief nicht gleich zu Psychopharmaka greifen wol-len. Denn wer seine Wahrnehmungen sensibilisiert und auf seinen Körper hört, wird seine eigentlichen Bedürfnisse er-schmecken.

Gisela Krahl, Autorin und Lektorin, lebt mit ihrer Familie in Hamburg. Ab und an kocht sie in bekannten Hamburger Restaurants.

Gisela Krahl

Mood Food

Das Kochbuch für
Lust & Laune

Mit Zeichnungen
von Thomas August Günther

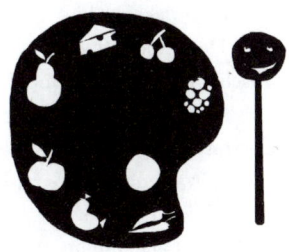

Deutscher Taschenbuch Verlag

Originalausgabe
Dezember 1998
© Deutscher Taschenbuch Verlag GmbH & Co. KG,
München
Umschlagkonzept: Balk & Brumshagen
Umschlagfoto: © F. Wartenberg / G + J Fotoservice
Produktion und Satz:
Verlagsbüro Walter Lachenmann, Waakirchen
Gesetzt aus der MT Baskerville (QuarkXPress 3.32 Mac)
Druck und Bindung: C. H. Beck'sche Buchdruckerei,
Nördlingen
Gedruckt auf säurefreiem, chlorfrei gebleichtem Papier
Printed in Germany · ISBN 3-423-36128-X

Inhalt

Das Kapitel über die Zusammenhänge von Nahrung und Gehirn wurde geprüft von meinem Freund Dr. Andreas Arlt, einem naturwissenschaftlich orientierten Neurologen. Er ist jeglicher Paramedizin abhold und der festen Überzeugung, daß eine gute Bratwurst zufrieden und glücklich macht.

Alle Rezepte reichen für 4 Personen, wenn es nicht anders angegeben ist.

Mood Food:
Nahrung für die Seele

Wie Sie sich ein besseres Lebensgefühl herbeifuttern

Eine Mahlzeit, die Schmerz lindert, die Seele wärmt, Grübelfalten glättet und Unruhe beseitigt? Seit der Geburt wissen wir Menschen, daß wir zu gewissen Zeiten einen besonderen Hunger verspüren, und zwar nicht nur nach süßer Milch. Je älter wir werden, desto differenzierter wird unser Geschmack, und mit der wachsenden Vielfalt der Bedürfnisse vervielfachen sich auch die Möglichkeiten, sie zu befriedigen.

Viele Menschen können sich die besondere Lust, die mitunter zur Sucht wird, nicht erklären. Sie sind unruhig und verspüren nur Heißhunger, aber nicht auf eine Suppe, sondern zum Beispiel auf Schokolade. Manch einer braucht Alkohol, um seinen inneren Kribbel zu besänftigen, oder verschlingt ein blutiges Steak, um sich in Fahrt zu bringen, andere tauchen gierig den Finger in einen Quarktopf, um Wut und Aggression zu dämpfen. Manche wissen genau, was gut für sie ist, und manche ahnen es zumindest. Wer es nur ungefähr weiß, gerät immer wieder in Gefahr, sich zuviel des Guten zu tun oder das Richtige haarscharf zu verfehlen. Dabei kann es sogar passieren, daß man sich den ganzen Tag lang etwas Unbefriedigendes und dazu noch Überflüssiges einverleibt.

Niemand wird behaupten, daß bei einer schweren Depression der Verzehr einer Banane sofort hilft und daß nach einem einfachen Ursache-Wirkung-Prinzip der gefüllte Teller den Arzt ersetzt, aber Bananen sind eine gute Wahl, denn sie beeinflussen den Serotoninstoffwechsel und helfen, die Stimmung zu entspannen.

Stimmungslagen und Gefühlsschwankungen sind nicht immer Krankheiten, und Nahrungsmittel sind keine Medikamente, aber es besteht ein Zusammenhang zwischen Nahrung und seelischer Verfassung. Wer ein bestimmtes Psychofutter braucht, sollte die Verbindung erforschen und seine Wahrnehmungen sensibilisieren. Er kann seinem Körper zuführen, was der Seele behagt, ohne das Maß dafür zu verlieren, was des Guten zuviel ist. Nur so kann man Ernährungsfehler und dicke Backen vermeiden. Verkneifen Sie sich nichts, aber machen Sie sich bewußt, warum Sie etwas Bestimmtes brauchen, und gönnen Sie es sich entschieden und nicht nebenbei genascht, sondern als genußvolle Mahlzeit. Das Ziel ist, etwas über die Zusammenhänge zu wissen und die Message zu verstehen, die in unserer Nahrung liegt. Keiner sollte so naiv sein anzunehmen, daß man so die komplette Kontrolle über seine Stimmungen bekommt und sich in der Folge ein permanentes seelisches Wohlgefühl einstellt. Aber es schadet nicht, wenn man erkennt, daß nicht der immer gleiche Griff die Seele tröstet, sondern der gezielte Griff zur richtigen Zeit.

Ihr Wohlbefinden hängt natürlich nicht nur von biochemischen Faktoren ab, sondern auch von Ihrer Veranlagung und Ihrer sozialen Prägung. Und dann auch noch von Ihrer Ernährung.

Wenn Sie Anlaß zu Frohsinn und Zufriedenheit haben, produziert das Gehirn biochemische Botenstoffe, die, wenn sie dominieren, zu guter Stimmung und Leistungsfähigkeit führen.

Auch wenn Sie etwas essen, kommt es zu chemischen Reaktionen im Körper und im Gehirn, denn Nahrungsmittel fördern ebenfalls die Produktion von gehirnwirksamen Substanzen, die man Neurotransmitter und Hormone nennt und die Einfluß auf die Gehirnchemie haben. Mit listig gewählter Nahrung fördern Sie Ihre Leistungsfähigkeit und heben Ihre Stimmung.

Probieren Sie die Vorschläge aus und entdecken Sie Ihre persönlichen Nahrungsmittel für gute Laune, für Trost und Mut, für Liebesstunden, Konzentration und Aufnahmefähigkeit.

Was hat das Gehirn mit unserer Ernährung zu tun?

Das Gehirn besteht aus einzelnen Nervenzellen, den Neuronen, die in Stützgewebe (Gliazellen) eingebettet sind. Wir verfügen über viele Milliarden Neuronen, die wiederum über Nervenzellfortsätze (Dendriten und Axone) mit anderen Neuronen über bestimmte Verbindungsstellen (Synapsen) verknüpft sind. Es entsteht so ein unvorstellbar komplexes Netzwerk, das die Grundlage der Hirnfunktion darstellt. Der Informationsfluß innerhalb der Neuronen geschieht auf elektrischem Wege, der Austausch zwischen den Neuronen – in den Synapsen – findet auf biochemischem Wege statt. In den Synapsen werden Überträgerstoffe zur Informationsübermittlung zwischen Neuronen benutzt, das sind die Neurotransmitter. Die Informationsübermittlung wird zudem durch weitere Botenstoffe wie zum Beispiel Hormone und Neuropeptide beeinflußt. Diese Stoffe werden entweder vom Körper selbst gebildet oder aber mit der Nahrung aufgenommen, oft auch beides.

Man darf nun nicht denken, daß die mit der Nahrung zugeführten Bestandteile unmittelbar auf das Gehirn einwirken. Dies ist glücklicherweise nicht so, da wir ja sonst ständig extremen Schwankungen der Hirnaktivität je nach aufgenommener Nahrung unterworfen wären. Das Gehirn verfügt über komplizierte Schutzmechanismen, die eine gleichmäßige Konzentration der Stoffe im Blutkreislauf aufrechterhalten, die für sein Funktionieren wichtig ist. Trotzdem können Unterschiede in der Nahrungszusammensetzung zu Veränderungen der Botenstoffkonzentrationen führen.

Bekannt ist dies zum Beispiel bei dem »Chinese-Restaurant-Syndrom«: Die in der Chinesischen Küche üblichen hohen Mengen von Glutamat können bei einem Teil der Menschen zu merkbaren Veränderungen der Hirnfunktionen führen. Die Symptome sind unter anderem starkes Schwindelgefühl.

Natürlich kann nicht nur die chemische Zusammensetzung der Nahrung unser Befinden verändern. Auch Aussehen, Geruch und Geschmack wirken über spezifische Sinneskanäle auf die Hirnfunktion ein. Die unterschiedliche Wirkung hängt dabei auch von unseren Gewohnheiten und Vorlieben ab. Sich windende Würmer dürften für die meisten von uns ekelerregend sein und die allgemeine Stimmung beim Essen dämpfen. Andere Völker sehen dies ganz anders.

Auch wenn wir viele der komplizierten Zusammenhänge bisher nur in Ansätzen verstanden haben, können wir doch festhalten: Die Zusammensetzung unserer Nahrung kann die Hirnfunktion beeinflussen. Es ist sicher zu einfach, bestimmten Botenstoffen immer nur ganz bestimmte einzelne Wirkungen zuzuschreiben, aber für einige Botenstoffe kann ganz grob eine Richtung beschrieben werden.

Serotonin

Serotonin ist einer der bekanntesten Neurotransmitter. Serotonin wirkt im Gehirn vor allem im Bereich der Regulation unserer Gefühle und Stimmungen. Hohe Serotonin-Konzentrationen gehen meist mit ausgeglichener Stimmung, körperlichem und seelischem Wohlbefinden und Zufriedenheit einher. Niedrige Serotonin-Konzentrationen können zu Angst, Unruhe und Depression führen.

Unser Körper benötigt für den Aufbau von Serotonin neben anderen Substanzen vor allem Tryptophan. Tryptophan ist eine essentielle Aminosäure. Essentiell heißt, wir können diese Substanz nicht selber herstellen, sondern müssen sie mit der Nahrung aufnehmen. Wichtig für die Produktion von Serotonin ist zudem, daß unsere Nahrung reich an Kohlehydraten ist. Der Kohlehydratanteil muß deutlich höher sein als der Fett- und Proteinanteil.

Quellen für Serotonin

Teigwaren, Reis, Kartoffeln, Getreide (Vollkorn), Brot, Nüsse, Mandeln, Datteln, Feigen, Bananen, Ananas, Maronen.

Quellen für Tryptophan
Milch und Milchprodukte, Fisch, Meeresfrüchte, Fleisch, Geflügel, Hülsenfrüchte, Soja, Nüsse, Mandeln, Bananen, Eier.

Katecholamine

Katecholamine stehen für Wachsamkeit, Aufmerksamkeit, Aktivität. Zu den Katecholaminen gehören auch die Neurotransmitter Adrenalin, Noradrenalin und Dopamin, das sind die Botenstoffe, die den Menschen wach und aktiv machen, die Aufmerksamkeit, Sexualtrieb, Aggressivität und die Regulierung des Appetits beeinflussen.

Katecholaminaufbau
Neben den Vorstufensubstanzen Tyrosin und Phenylalanin braucht es für den Katecholaminaufbau verschiedene Mineralstoffe und Vitamine.

Tyrosin ist eine nichtessentielle Aminosäure, die der Körper selber bilden kann.

Phenylalanin dagegen ist eine essentielle Aminosäure, die dem Körper zugeführt werden muß. Phenylalanin ist eine psychoaktive Substanz, die nicht nur die Motivation steigert, sondern auch für das Erinnerungs- und Lernvermögen wichtig ist. Phenylalanin erzeugt im Gehirn einen Neuroregulator, der den Amphetaminen, den Aufputschmitteln, sehr ähnlich ist und auch antidepressiv wirkt.

Quellen für Phenylalanin und Tyrosin
Milch und Milchprodukte, Eier, Kartoffeln, Reis, Soja, Nudeln, Geflügel, Fleisch, Fisch, Meeresfrüchte. Kommt als

Vorstufe auch in Lebensmittelzusätzen (zum Beispiel in Aspartam) sowie in Schokolade vor.

Acetylcholin
Acetylcholin wird im Körper als Botenstoff in ganz unterschiedlichen Funktionssystemen genutzt – nicht nur im Gehirn, sondern auch im vegetativen Nervensystem und zum Beispiel auch bei der Übertragung von Informationen zwischen Nervenzellen und Muskelzellen. Acetylcholin ist ein gutes Beispiel dafür, daß man Botenstoffen nicht nur eine bestimmte Funktion zuordnen kann. Man darf aber wohl sagen, daß Acetylcholin auch eine ganz wesentliche Rolle für die Gedächtnisfunktionen, die Lernfähigkeit und für geistige Beweglichkeit spielt.

Acetylcholinaufbau
Die Vorstufe von Acetylcholin ist Cholin und verschiedene Aminosäuren im Zusammenspiel mit Vitaminen.

Quellen für Acetylcholin und Cholin
Soja-Lecithin, Bierhefe, Soja, Keime und Samen, Nüsse, Weizenkeime, Hülsenfrüchte, Getreide (Vollkorn), Leber, Eier, Käse.

Endorphine, Enkephaline, Neuropeptide und verwandte Substanzen
Hierbei handelt es sich um hirneigene Botenstoffe, die zum Teil chemisch den Opiaten ähneln (Endorphine), zum Teil auch sehr komplex aus anderen chemischen Verbindungen zusammengesetzt sind. Diese Substanzen entfalten im Ge-

hirn sehr unterschiedliche Wirkungen. Eine wesentliche Funktion scheint ihnen jedoch in der Regulation von Angst, Wut, Euphorie, Sexualtrieb und Schmerzwahrnehmung zuzukommen.

Endorphin- und Enkephalinaufbau
Bei der Bildung von Endorphinen und Enkephalinen sind auch die Transmitter Serotonin und Noradrenalin beteiligt.

Der Körper produziert sich diesen Stimmungsmacher selber – insbesondere bei lang andauernder körperlicher Betätigung wie Marathonlauf, aber auch beim Musizieren, Singen und Tagträumen.

Quellen für Endorphine und Enkephaline
Alles, was viele Kohlehydrate hat: Getreide, Teigwaren, Reis, Honig, Bananen, Trockenfrüchte, zusammen mit fetthaltigen Lebensmitteln wie Nüsse, Sahne, Butter, Kakao, Käse, auch scharfe Gewürze.

Schokolade und Gummibärchen, süße Riegel sind beliebte Seelentröster.

Nahrungsmittel für das Gehirn

Kohlehydrate, Proteine und Fette sind die Nahrungsmittel fürs Gehirn ebenso wie Vitamine, Mineralstoffe, Spurenelemente und Enzyme.

Kohlehydrate, auch Zucker genannt, sind das Brennmaterial fürs Gehirn. Das Gehirn kann Energie aber nicht speichern, sondern muß den Brennstoff ständig neu aus dem Blut herbeischaffen. Deshalb muß der Körper ständig Zucker bereithalten. Sinkt der Zuckerspiegel im Blut stark, schwindet die Energie. Komplexe Kohlehydrate, wie sie in Getreide, Reis, Brot und Kartoffeln enthalten sind, werden nach und nach gespalten und wohldosiert als Einfachzucker ans Blut gegeben. In Sweeties, Limo und anderen Schnuckereien ist eine ordentliche Ladung Einfachzucker enthalten, der sich ohne Aufschub und ohne weitere Verarbeitung nach ein paar Minuten mit Schwung und in großem Schwall sofort ins Blut begibt. Der Blutzuckerspiegel steigt sehr schnell, und die Bauchspeicheldrüse produziert schleunigst Insulin, um den erhöhten Zuckergehalt des Blutes zu stoppen. Nach kurzer Zeit ist der Körper dann unterzuckert, weil zuviel Insulin produziert wurde. Die Energie schwindet, die Leistung läßt nach, und die Gier nach einem weiteren Zückerchen erwacht aufs neue.

Proteine, auch Eiweiß genannt, sind für den Muskelaufbau zuständig und bilden die Basis für Neurotransmitter und Hormone. Proteine werden vom Körper in Aminosäuren zerlegt, die entweder direkt verbraucht oder für später zwischengelagert werden. Nichtessentielle Aminosäuren baut der Stoffwechsel selber auf. Die essentiellen müssen zugeführt werden. Proteine sind in fast allen Lebensmitteln enthalten, aber nicht immer sind alle neun essentiellen Aminosäuren darin vertreten. Besonders Vegetarier müssen dafür sorgen, daß sie verschiedene pflanzliche Proteinlieferanten miteinander kombinieren, denn vollständige Proteine mit allen Aminosäuren befinden sich vorwiegend in tierischem Eiweiß, also in Fleisch, Meeresfrüchten, Fisch, Geflügel, Eiern, Milch und Milchprodukten.

Fette, auch Lipide genannt, sind Brennstoff für die Muskeln. Fette werden bei der Verdauung in einzelne Fettsäuren gespalten. Sie liefern den Muskeln Energie, sind am Aufbau von Hormonen und Botenstoffen beteiligt und ermöglichen die korrekte Funktion der Zellmembrane. Man unterscheidet gesättigte und ungesättigte sowie essentielle und nichtessentielle Fettsäuren. Ungesättigte Fettsäuren befinden sich in Fischöl, Lachs, Thunfisch, kaltgepreßten pflanzlichen Ölen, Nüssen, Samen und in einigen Margarinen. Diese ungesättigten Fettsäuren und essentielle Fettsäuren wie Linolsäure müssen mit der Nahrung zugeführt werden. Sie sind besonders wichtig für das Gehirn.

Gesättigte Fettsäuren befinden sich in allen fetten Lebensmitteln, zum Teil versteckt und zum Teil sichtbar. Da der Körper nur sehr wenig davon braucht, sollten wir sparsam sein mit Wurst, Butter und Pommes frites, mit Speck und auch mit Eiern und Schokolade.

Wie Gewürze und Stimulantien auf Gehirn und Nerven wirken

Gewürze und Kräuter verbessern nicht nur den Geschmack einer Speise. Sie haben darüber hinaus große Bedeutung in der Naturmedizin und in der Kosmetik, sie wirken äußerlich über die Haut auf den Leib und innerlich auf die Organe. Manche Kräuter und Gewürze sind sogar dafür berühmt, daß sie die Liebeslust steigern sollen. Es spielt keine Rolle, wie Sie die Gewürze in Ihrer Küche verwenden. Ob Sie mit getrockneten Kräutern den Braten und das Ragout anschärfen, einen Tee aufbrühen oder die Kräuter frisch in den Salat schnippeln, ihre Wirkung entfalten sie so oder so. Die meisten Kräuter verfügen über sehr komplexe Eigenschaften, die sowohl entspannen als auch anregend sein können. Sie haben insgesamt einen ausgleichenden Charakter, der die Stimmung ins Gleichgewicht bringt. Sogar als Aufguß in der Badewanne oder in einem Pflanzenölgemisch in die Haut einmassiert, werden viele der genannten Gewürze ihre ganz spezielle Eigenart dem Körper und der Seele mitteilen.

Anis – wirkt beruhigend und entspannend, auch auf die Verdauungsorgane.

Basilikum – auch Basilienkraut oder Königskraut, wurde häufig zur Steigerung der Sinnlichkeit verwendet. Es besänftigt bei Angstgefühlen und nervöser Schlaflosigkeit.

Bohnenkraut – auch Pfefferkraut genannt, hat ein scharfes und strenges Aroma, das den Intellekt anregt und das Sexualempfinden.

Curry – ist eine scharfe Mischung aus mehreren Gewürzen, die in ihrem Zusammenklang stimmungsaufhellend wirken.

Dill – wirkt beruhigend und entspannend, sowohl über die Geschmacksnerven und die Nase als auch über die Verdauungsorgane.

Ingwer – ist ein anregendes und stärkendes Gewürz.

Fenchelsamen – wirken beruhigend, besänftigen nicht nur Babybäuche, sondern auch die Stimmung von Erwachsenen.

Kardamom – soll das Gedächtnis stärken und die Liebeslust beflügeln.

Knoblauch – ist anregend, fördert den Fluß der Körpersäfte, ist blutdrucksenkend und der Liebe dienlich und duftet köstlich. Kein Wenn und Aber.

Koriander – wirkt warm und anregend auf den Geist und galt in früheren Zeiten als Aphrodisiakum.

Kümmel – ist ein anregendes Gewürz.

Majoran – wärmt Körper und Seele, ist aber bekannt als Anti-Aphrodisiakum, das heißt, es soll die sexuelle Begierde einschränken und ist wohl eher für Nonnen und Mönche angebracht als für Menschen mit Lust im Leibe.

Melisse – wirkt beruhigend und entspannend.

Muskat – ist ein anregendes Gewürz, das auch für seine aphrodisische Wirkung bekannt ist.

Gewürznelke – wirkt wohl wegen des scharfen und exotischen Duftes verführerisch.

Paprika – ist ein wärmendes und anregendes Gewürz, das auch die Liebeslust fördert.

Petersilie – ist ein stärkendes Kraut, das dem Menschen wieder auf die Beine hilft bei Überanstrengung und nach einer langen Krankheit. Es regt die Unterleibsorgane an, weshalb es auch früher in hoher Dosierung für Schwangerschaftsabbrüche benutzt wurde.

Pfeffer und Pfefferschoten – sind für ihre liebeluststeigernde Wirkung bekannt. Die scharfe Würze läßt die Säfte steigen und macht Feuer unterm Hintern.

Pfefferminze – regt den Geist an, fördert die Konzentration und ist wie Basilikum und Rosmarin geeignet, das Gedächtnis zu beleben und klare Gedanken zu fördern.

Rosmarin – ist als Gewürz beliebt und bekannt dafür, daß er auf das Gehirn wirkt. Stärkt Gedächtnis und Nerven und wirkt bei Antriebslosigkeit.

Salbei – ist ein sehr vielseitiges Kraut in psychoaktiver Hinsicht. Es belebt und beruhigt gleichermaßen, es fördert die Konzentration und Lernfähigkeit und wirkt anregend.

Safran – hat einen pfeffrigen Geschmack und ist nicht zuletzt wegen seines Preises und seiner Exklusivität dazu fähig, die Sinne zu betören und scharf zu machen.

Thymian – beruhigt und stärkt bei Krankheit und Übermüdung, er entspannt und gibt ruhige Kraft.

Vanille – ist aufbauend, aphrodisisch und stärkend. Sie wirkt stark auf den Gefühlsbereich und ist besonders geeignet, Geborgenheit, sanfte Liebe und Erinnerungen an die Kindheit zu wecken.

Zimt – duftet warm und samtig. Er regt zum Träumen an und gibt wie Vanille ein Gefühl von Geborgenheit. Zimt ist ein beliebtes Liebesmittel in Indien.

Zwiebeln – machen stark und leistungsfähig, fördern die Konzentration, regen an und entschlacken und entwässern den Körper. Zwiebelreis gilt als eines der besten Schlankheitsrezepte.

**Pharmazeutische Hilfen für Stoffwechsel, Gehirn-
tätigkeit und Stimmungslage**

Der Packungsaufdruck mancher Naturmittelchen klingt sehr
verführerisch. Da werden alle Kraft- und Saftkreisläufe an-
gekurbelt, und der ganze Mensch erstarkt und gesundet,
wirft sein Fett ab und geht verjüngt durchs Leben. Das ist eine Lüge. Experimentieren Sie nicht wahllos mit den Mittel-
chen herum, auch wenn es sich um Produkte aus der Natur
handelt, bloß weil der Packungsaufdruck verführerisch
klingt. Befragen Sie auf jeden Fall Ihren Arzt oder Apothe-
ker, denn wenn Sie zum Beispiel unter Nierenschwäche, Pilz-
erkrankungen, Allergien oder hohem Blutdruck leiden, sollten Sie vorsichtig sein. Außerdem bedenken Sie, daß selbst
die Natur nicht nur ungefährliche Heilmittel anbietet, sondern auch viele giftige und hochallergene Wirkstoffe.

**Nahrungsergänzungsmittel, die Sie in Supermärk-
ten, Apotheken und Reformhäusern kaufen können**

Diese Mittel helfen und unterstützen Sie bei Streß, Depressionen, geistiger und körperlicher Übermüdung, bei Krankheit, Rekonvaleszenz und Antriebslosigkeit:

Bierhefe, Blütenpollen, Gelee royale, Weizenkeimc, Fischöl-Kapseln, Energy-Drinks, Johanniskrautkapseln, Meeresalgen, Ginseng, Sanddornsaft, Multivitaminkapseln, Baldriankapseln, Aloe-Vera-Saft.

Muntermacher, Stimmungsaufheller, Mittel zur Belebung und zum Abbau von Nervosität

Alkohol verlangsamt die Reaktion und enthemmt Emotionen. Er wirkt stark auf das Gehirn und verstärkt sowohl Glücksgefühle als auch Aggression und negative Gefühle. Unter Alkoholeinfluß fängt manchmal ein friedfertiger Mensch an, sich zu prügeln und ein Schüchterner wird zum selbstsicheren Großmaul. Alkohol kann abhängig machen.

Nikotin. Raucher behaupten, daß die Konzentration und Lernfähigkeit zunimmt und die Nervosität gedämpft wird, was dafür spricht, daß Nikotin die Ankerplätze für die Botenstoffe für Angst und Streß blockiert. Es verengt aber auch die Blutgefäße und schränkt so die Sauerstoffversorgung des Gehirns ein.

Koffein wirkt direkt auf das zentrale Nervensystem. Es regt an, und man fühlt sich sehr schnell wach und konzentriert. Müdigkeit und leichte Depressionen verschwinden, die Laune wird besser.

Zusammenfassung

Das vertreibt Nervosität, Angst, Depressionen und beruhigt:
Kartoffeln, Nudeln, Brot, Butter, Getreide, Zwiebeln, Reis,
Cornflakes, Müsli.

Das macht liebeslustig:
Vorwiegend Proteine, auch pflanzliche, wenig Fett,
wenig Kohlehydrate, Meerestiere aller Art und Federvieh.
Belebende Gewürze wie Basilikum, Ingwer, Zimt
und Pfeffer.

Das gibt Saft und Kraft, Energie und Mut:
Mageres, fettfreies Meeresgetier, Putenbrust, fettfreie
Milch, Magermilchjoghurt, Kaffee, Früchte wie Äpfel,
Birnen, Pfirsiche, Weintrauben, Nüsse, Gemüse.

Das vertreibt Trauer, Leid und Lustlosigkeit:
Brot, Süßigkeiten, dunkelgrünes Gemüse, Fett,
Muscheln, Knoblauch, Chilipfeffer, Sonnenblumenkerne.

Das stützt Ihr Gedächtnis und die Merkfähigkeit:
Körner, Nüsse, Getreide, Mandeln, Milch,
grünes Gemüse, Orangen, Meeresfrüchte, Leber,
mageres Fleisch.

Das macht erst wach und dann schwach:
Alkohol, Kaffee, gesättigte tierische Fette,
Speck, Butter.

Wie Sie Beruhigung und Konzentration löffeln

E ine große Portion Nudeln tut gut, macht satt und glücklich. Das paßt eigentlich nicht zum Bild eines ehrgeizigen
Sportlers, dennoch erfährt man, daß auch Boris Becker Nudeln vertilgt, und zwar in großen Mengen, direkt vor einem
Kampf. Nudelglück macht eben nicht träge und matt, es kann
einem Sportler vor dem Wettkampf genau den richtigen Biß
geben, denn Kohlehydrate werden sehr schnell verbrannt bei
körperlicher Arbeit, und die seelische Beglückung, die nach
dem Verzehr einsetzt, sorgt dafür, daß der Sportler nicht von
seiner streßbedingten Adrenalinproduktion überrollt wird, die
jedes kühle, strategische Denken beeinträchtigen würde.

Aber auch im Haus und bei der Büroarbeit sind die Kohlehydrate in den Nudeln das richtige Energiefutter, das den Kör-

per wenig belastet und die Stimmung hebt. Es sei denn, Sie bereiten sie in einer köstlichen, aber ganz fetten Käse-Sahne-Sauce zu. Dann machen sie sicher etwas müde und eignen sich eher zur Beruhigung und zur Herstellung von sattem Glück, denn nun ist durch den Fettanteil auch die Produktion von Endorphinen und Enkephalinen begünstigt. Wenn Sie die Spaghettisauce kräftig mit Peperoncini würzen, verstärkt das den stimmungsmachenden Effekt. Wenn sich zu viele Proteine in der Nahrung befinden, wird biochemisch das Gleichgewicht zugunsten einer eher aggressiven Stimmung verschoben.

Falls also Ihr Mann einmal stumm und rauchend in der Wohnung herumtigert und offensichtlich gestreßt ist, sollten Sie nicht viel nach seinen Problemen fragen, denn Sie kriegen vermutlich wenig zu hören. Greifen Sie zum Topf und füllen Sie ihn mit Nudeln, Reis oder Kartoffeln, mit Bohnen, Erbsen, Gemüse oder mit allen anderen, vorwiegend kohlehydratreichen Lebensmitteln und fügen Sie Proteine und Fett in Maßen hinzu sowie scharfe Würze.

Wenn das nicht ausreicht, so haben Sie doch alles getan, um zumindest die Botschaft, die von der Speise ausgeht, zu befördern. Sicher wird eine kluge Wahl der Ernährung für Erhellung sorgen. Zumindest wird sie die dunklen Seiten einer schwankenden Stimmungslage nicht noch verstärken.

Kohlehydrate, Proteine und Fette sind zwar ausreichende Nahrung fürs Gehirn, aber Vitamine, Mineralstoffe, Spurenelemente und Enzyme dürfen nicht fehlen. Sie sind zwar in allen Rezepten enthalten, aber trotzdem sollten Sie immer einen Salat vorweg und ein Obst hinterher verspeisen.

Auf einen Blick

Beruhigende und entspannende Gewürze:
Anis, Fenchel und Dill, Majoran, Melisse, Mohn, Pfefferminze, Petersilie, Rosmarin, Salbei und Thymian.

Beruhigende Getränke:
Kräutertees mit Honig: Anis, Baldrian, Fenchel, Kamille,
Lindenblüten, Melisse, Passionsblumen.
Bananen-Milchshake, Bier, Rotwein.

Der Speiseplan für gelassene, unaufgeregte Energie:
Vorwiegend komplexe Kohlehydrate, wenig Fett,
wenig Protein.

Für Entspannung und Zufriedenheit:
Vorwiegend Kohlehydrate mit Fett.

Für Ruhe und Konzentration:
Vorwiegend Kohlehydrate mit Protein.

Stilles Glück

❧

Bunte Nudeln

500 g Bandnudeln
ein paar getrocknete Tomaten, in Öl eingelegt
250 g Brokkoli
3 Knoblauchzehen
Salz und Pfeffer
1 Bund glatte Petersilie

Das Gemüse wird zusammen mit den Nudeln in kochendes, gesalzenes Wasser gegeben. Wenn nach etwa 8 Minuten die Nudeln gar sind, hat auch das Gemüse noch Biß. Während der Kochzeit schnippeln Sie die öligen Tomaten klein, schneiden die Knoblauchzehen in sehr dünne Scheiben und dünsten Tomaten und Knoblauch in 2 Eßlöffeln Olivenöl an. Die abgetropften Nudeln und der Brokkoli werden in das Öl zu den Knoblauchtomaten gegeben. Nun würzen Sie alles kräftig mit Pfeffer und Salz und sprenkeln die gehackte Petersilie darüber.

Abendseufzer

≈

Penne mit Tomatenragout

400 g Penne rigate
1 große Dose geschälte Tomaten in Stücken
1 Zwiebel
2–3 Knoblauchzehen
2 Lorbeerblätter
Olivenöl
Salz und Pfeffer
1 / 2 Teelöffel Zucker

Bereiten Sie zuerst das Tomatenragout zu: Die gehackte Zwiebel und die zerhackten Knoblauchzehen werden in heißem Olivenöl goldgelb gebraten. Dann kommt die Tomatenmasse aus der Dose dazu und 2 Lorbeerblätter. Jetzt muß das Ragout eine halbe Stunde lang reduzieren und zusammenkochen. Nach einer Viertelstunde nehmen Sie die Lorbeerblätter heraus, salzen, pfeffern und süßen ein klein wenig. Dann kochen Sie die Nudeln nach Packungsanweisung in sprudelnd kochendem, gesalzenem Wasser gar. Wenn sie fertig sind, werden sie abgetropft und sofort zu dem Tomatenragout gegeben. Dieses Ragout können Sie auch mit Peperoncini heftig anschärfen und mit Basilikum bestreuen, wenn Sie danach nicht gleich einschlafen wollen.

Gemütliche Schlabberei zum Feierabend

౼

Nudelauflauf

1 Eßlöffel Rosmarinnadeln
150 g Rinderhack oder spanische Knoblauchwurst
* oder anderes Fleisch*
Olivenöl
Knoblauch
5 in Öl eingelegte getrocknete Tomatenstücke
3 Eier
200 g Schlagsahne
2–3 gehäufte Eßlöffel Parmesankäse
400 g Makkaroni oder Penne
nach Belieben 150 g Gouda

Die Rosmarinnadeln werden in einem Topf ohne Fett leicht geröstet. Dann gibt man das gewürfelte Fleisch und etwas Olivenöl dazu, außerdem gehackten Knoblauch nach Geschmack und die 5 in Öl eingelegten, gehackten Tomatenstücke. Nun nehmen Sie den Topf vom Herd, verquirlen 3 Eier in der Schlagsahne ordentlich mit dem Handrührgerät, pfeffern, salzen, vermischen sie mit dem Parmesankäse und geben alles zum Rosmarinfleisch. Die Nudeln werden in der Zwischenzeit in kochendem, gesalzenem Wasser gegart.

Fetten Sie nun eine Auflaufform und schichten Sie die Nudeln hinein. Gießen Sie die würzige Eier-Käse-Sahne-Fleisch-Sauce jeweils über eine Lage, damit der ganze Auflauf schön durchsuppt und würzig wird. Die Nudeln müssen am Schluß alle knapp bedeckt sein. Wenn Sie wollen, können Sie noch ein paar Scheiben Gouda-Käse obenauf legen. Nun kommt der Auflauf in den Backofen, wo er bei 180° C in 30 bis 40 Minuten eine goldige Kruste annimmt.

Macht freundlich und gesellig

☙

Kaiserschmarren

1 Handvoll Rosinen

Rum

6 Eier

3 Eßlöffel Mehl

3 Eßlöffel Milch oder Sahne

3 Eßlöffel Zucker

Zitronenschale

Butter zum Braten

Puderzucker

1 Glas Pflaumen

Die Rosinen werden über Nacht in Rum eingeweicht. Trennen Sie Eiweiße und Eigelbe, und verrühren Sie die Eigelbe mit dem Mehl, der Milch, einer Prise Salz und dem Zucker zu einem glatten Teig. Fügen Sie etwas abgeriebene Zitronenschale hinzu, natürlich von einer ungespritzten Frucht, dann schlagen Sie das Eiweiß zu einer festen Masse. Der Eischnee wird unter den gelben Teig gehoben. Erhitzen Sie Butter in der Pfanne, gießen den Teig für einen dicken, fetten Pfannkuchen dazu und besprenkeln ihn mit ein paar Rosinen. Lüpfen Sie den Pfannkuchen an einem Ende und prüfen Sie, ob er braun wird. Dann muß er gewendet werden. Wenn er beidseitig nett gebräunt ist, zerrupfen Sie ihn in der Pfanne mit zwei Gabeln, setzen die Fetzen auf einen Teller und sieben Puderzucker darüber. Klassisch wird er serviert mit weichgekochten Pflaumen, die mit Zitrone, Zucker und Zimt gewürzt sind.

Entspannender Sattmacher

෴

Gemüseschmarren

2–4 Eier

4 Eßlöffel Mehl

200 ml saure Sahne

Milch

tiefgekühlte Erbsen, frische Champignons oder klein-
    geschnittenes anderes Gemüse

Salz, Pfeffer, Thymian

eine Handvoll gewürfelter gekochter Schinken oder
    Wurst

Butterfett

1 Bund Schnittlauch

Rühren Sie aus 4 Eßlöffeln Mehl, einem Becher saurer Sahne, etwas Milch und den ganzen Eiern einen glatten flüssigen Pfannkuchenteig. Während er ruht, schnippeln Sie kurz und klein, was Sie an Gemüse finden: Karotten, Sellerie, Porree oder Champignons und braten alles in der Pfanne an. Würzen Sie mit getrocknetem Thymian, Salz und Pfeffer, und sprenkeln Sie nun gewürfelten Schinken über das

Gemüse. Dann gießen Sie den Teig darüber und wenden den Haufen, wenn er auf der Unterseite goldgelb gebraten ist.

Wenn der Pfannkuchen fertig ist, wird er mit zwei Gabeln zerrupft, auf die Teller verteilt und mit Schnittlauch dekoriert.

Fit for Fun

∾

Wundersuppe

Für alle, die abnehmen wollen
und vor Unruhe immer nur ans Essen
denken.

1 kleiner Weißkohl

2 grüne Paprikaschoten

1 Bund Stangensellerie

4 Möhren

1 große Dose geschälte Tomaten

2 große Gemüsezwiebeln

2 Gemüsebrühwürfel

japanische Sojasauce

Das kleingeschnittene Gemüse und die Brühwürfel werden mit Wasser bedeckt und können 30 Minuten lang kochen. Mit Sojasauce abschmecken. Dieses ist eine Suppe, die ähnlich wie Minestrone schmeckt, gar kein Fett enthält und kaum Salz, wenn Sie die japanische, etwas teurere Sojasauce der billigen chinesischen vorziehen. Die Suppe hat ausreichend Vitamine und Mineralstoffe und kaum verwertbare Kohlehydrate, eine Menge Ballaststoffe und ist so kalorienarm, daß sie mehr Energie verbraucht bei der Verdauung, als dem Körper zugeführt wird. Das ist der Trick bei dieser Diät. Die Suppe macht fit, füllt für kurze Zeit den Bauch und macht satt und zufrieden.

Diese Suppe wird deshalb Wundersuppe genannt und ist das Kernstück einer Abspeck-Diät des Toronto General Hospital. Merkwürdigerweise ist die Diät schon seit fünf Jahren in Europa bekannt, aber die Verbreitung findet hauptsächlich privat und über das Faxgerät statt. Hier für alle Interessierten das komplette *Diätprogramm:*

Man kann die Suppe essen, wann immer man Hunger hat. Man darf soviel davon nehmen, wie man will, und die Diät darf so lange dauern, wie man Lust hat.

Außer der Suppe empfiehlt das Toronto General Hospital:

1. Tag: Alle Früchte außer Bananen. Wer nur Melone ißt, kann bis zu drei Pfund abnehmen.
2. Tag: Alle Gemüse, roh oder gekocht, außer Bohnen, Erbsen, Kartoffeln und Mais.
3. Tag: Früchte und Gemüse, keine Kartoffeln und Bananen.
4. Tag: Bis zu 8 Bananen und bis zu 8 Gläsern fettarme Milch.
5. Tag: 200 g gegrilltes Rindfleisch und 8 Tomaten.
6. Tag: soviel Fleisch und Gemüse (außer Kartoffeln), wie man mag. Das Fleisch aber nur grillen und das Gemüse kochen.
7. Tag: Brauner Reis, Gemüse, Fruchtsäfte (zuckerfrei).

Während der Fleischtage sollte man mindestens 1 1/2 Liter Wasser trinken, um die Säure aus dem Körper zu spülen. Kaffee und Tee ohne Milch und Zucker sind erlaubt, Brot ist tabu. Immer wenn der Hunger nagt, geht es an den Suppentopf. Man kann 7 Kilo und mehr in einer Woche abnehmen, obwohl man keineswegs armselig und gleichzeitig teuer, aber ohne Genuß ein Völlegefühl mit Pappsubstanzen hergestellt hat, sondern sich den Bauch unentwegt mit guten Lebensmitteln vollschlägt, wobei der Stoffwechsel immer tätig ist. Das ist eine einleuchtende Möglichkeit, den Jojo-Effekt zu vermeiden.

Belebt am Abend

꿍

Grüne Knöpfle mit Salbeibutter

5 Brötchen, alt oder neu

Milch

500 g Spinat

4 Eier

60 g Mehl

Salz, Pfeffer, Muskat

1 Handvoll Salbeiblätter

2 Eßlöffel Mandelsplitter

Die Brötchen werden mit Milch bedeckt und ziehen so lange, bis sie dick und aufgeschwemmt sind. Dann drückt man sie aus, so gut es geht, damit sie möglichst trocken sind. Der Spinat wird kurz blanchiert, in einem Sieb abgetropft und mit einer Kelle gedrückt, damit das Wasser möglichst ganz herausläuft. (Trinken Sie es.) Nun hacken Sie den Spinat sehr fein und fügen die grüne Masse zu dem Brötchenteig. Die Eier kommen dazu, auch Salz, Pfeffer, Muskat und das Mehl. Der Teig muß so fest sein, daß er sich zu kleinen Kugeln von der Größe eines Golfballes rollen läßt. Fügen Sie sonst noch Paniermehl oder Mehl hinzu. Nun lassen Sie die Kugeln in kochendes, gesalzenes Wasser gleiten, wo sie am Boden herumkugeln, bis sie gar an die Oberfläche kommen. Dann schöpfen Sie sie heraus und begießen sie mit zerlassener Butter, in der Sie die Salbeiblätter und die Mandelsplitter geschmort haben.

Stärkend und beruhigend

ᗧᐤ

Belgischer Kartoffelsalat

1 kg mehligkochende Kartoffeln
1 halber Endiviensalat
2 Eßlöffel Zitronensaft
2 Eßlöffel feines Olivenöl
Salz, Pfeffer

Kochen Sie die Kartoffeln mit Schale. Wenn sie gar sind, werden sie gleich gepellt und noch warm mit Zitronensaft und Olivenöl beträufelt. Mit einem Kartoffelstampfer verarbeiten Sie die heißen Kartoffeln zu einem lockeren, weichen Brei. Wenn er zu fest ist, gießen Sie Milch dazu.

Nun schneiden Sie den halben Kopf Salat in feine Streifen, die Sie unter den Brei heben. Salzen und pfeffern Sie den hübschen Haufen und träufeln Sie noch einen Eßlöffel Olivenöl darüber. Ein mageres Steak paßt gut dazu.

Urlaubsnudeln für die Liebsten

∾

Spaghetti alle vongole
oder con frutti di mare

500 g Spaghetti
1 Tasse Olivenöl
1 rote Pfefferschote
3 Knoblauchzehen
Petersilie
1 kg Venusmuscheln oder 500 g tiefgefrorene Frutti-di-mare-Mischung
4 frische, gehäutete, entkernte und gestückelte Tomaten oder 2–3 Eßlöffel Pizza-Tomaten aus der Dose

Lassen Sie das Olivenöl in einem Topf schön heiß werden, und geben Sie 3 gehackte Knoblauchzehen in das Fett. Sofort kommen die Muscheln oder die Frutti di mare dazu. Alles kurz schmurgeln lassen, dann eine halbe entkernte rote Pfefferschote und das gestückelte Tomatenfleisch in den Topf geben, salzen und kräftig mit Petersilie würzen. Die Spaghetti werden in kochendem, gesalzenem Wasser nach Packungsanweisung gekocht, abgetropft, sofort mit der Sauce vermischt und schnell serviert. Spaghetti alle vongole würden Italiener nicht mit Zwiebeln, Wein und Käse zubereiten.

Für Konzentration und Harmonie

❧

Würziges Linsenpüree
mit Lammfilet

250 g Linsen
1 mit Gewürznelken gespickte Zwiebel
1 Zwiebel
1 Möhre
Salz, Pfeffer
1 Knoblauchzehe
Piment, Koriandersamen, Kreuzkümmel, Muskat-
*   nuß*
pro Person 2 – 3 Lammfilets

Die Linsen werden zusammen mit der gespickten und der ungespickten Zwiebel sowie der Möhre in einem 3/4 Liter Wasser bei mittlerer Hitze leicht breiig gekocht. Das dauert etwa 50 Minuten. Eventuell muß etwas Wasser nachgegossen werden. Nun würzen Sie gut mit Salz und Pfeffer, nehmen die gespickte Zwiebel heraus und pürieren die Linsen im Topf mit dem Pürierstab. Dann fügen Sie eine gepreßte Knoblauchzehe und jeweils etwa eine große Messerspitze der gemahlenen Gewürze hinzu. Nun erhitzen Sie alles noch einmal unter ständigem Rühren und bereiten nebenbei in einer Pfanne ein paar Lammfilets zu, die Sie blitzschnell von beiden Seiten in wenig sehr heißem Butterfett braten, salzen, pfeffern. Lehnen Sie die Filets an den Linsenberg und dekorieren mit frischen Korianderblättern oder Petersilie.

Freundschaftsessen

༺

Linsensuppe

300 g Linsen
100 g durchwachsener Speck in Würfeln
1 Zwiebel
1 Bund Petersilie
1 Knoblauchzehe
1 Möhre
Rotwein
Fleischbrühe
Salz, Pfeffer, Weinessig, Zucker
saure Sahne
eventuell geräucherte Schweinswürste, ungarisch,
spanisch oder italienisch

Die Linsen werden gespült. Dann röstet man in einem großen Topf die Speckwürfel an, gibt die gehackte Zwiebel, die gehackte Petersilie, den gehackten Knoblauch und die gewürfelte Möhre dazu, schmort alles schön an und löscht mit einem kleinen Glas Rotwein ab. Nun kommt 1 Liter Brühe (eventuell Brühwürfel) dazu und dann die abgetropften Linsen. Jetzt muß die Suppe mindestens vierzig Minuten lang auf mittlerer Hitze kochen, bis die Linsen ganz weich sind. Dann erst wird mit Salz, viel Pfeffer, mit einem Schluck Weinessig und Zucker abgeschmeckt. In die Teller füllen und mit einem Klacks saurer Sahne verzieren. Wenn man Würstchen dazu essen will, werden sie zwanzig Minuten lang in der Suppe mitgekocht.

Für freundliche Freunde

❧

Patate lessate
(gekochte Kartoffeln)

Festkochende Kartoffeln für 4 Personen
3 – 5 Eßlöffel Olivenöl
2 Bund glatte Petersilie
3 Knoblauchzehen, gehackt
ein Putensteak pro Nase

Die Kartoffeln werden in der Schale gekocht, dann gepellt und in Würfel geschnitten. Noch warm werden sie mit Olivenöl, der gehackten Petersilie und dem gehackten Knoblauch, Pfeffer und Salz gewürzt. Alles gut miteinander vermischen und ein Stündchen durchziehen lassen. Schmeckt so schon gut, aber wer will, mag auch gebratenes Fleisch oder Fisch dazu essen.

Lecker und locker

❧

Serviettenkloß

6 trockene Brötchen oder 10 Scheiben Toastbrot
5 Eier
Salz, Pfeffer, Muskat
1 Bund Petersilie
etwa 3 / 8 Liter Milchwasser (halb Milch, halb
  Wasser)

Das Brot wird mit lauwarmer Milch und Wasser begossen und eingeweicht, bis es die Milch aufgesogen hat und durch und durch weich geworden ist. Wenn die Flüssigkeit aufgesogen ist und die Brötchen noch harte Stellen haben, geben Sie noch mehr warme Flüssigkeit dazu. Wenn alles so weich ist, wie es sein soll, werden die Brötchen ausgedrückt und in eine andere Schüssel gegeben. Nun schlagen Sie die Eier zu der Masse, salzen, pfeffern, reiben kräftig Muskat darüber und geben die gehackte Petersilie dazu. Vermischen Sie den Brei, reißen Sie große Stücke von starker Alufolie ab, etwa das eineinhalbfache der Breite, geben zwei Kellen Brei auf die Folie, wobei am Rand jeweils eine halbe Handbreit frei bleibt, und rollen den Brei so gut es geht zu einer dicken Wurst ein. Das funktioniert gut, wenn Sie ihn ganz einschlagen und die Alu-Wurstenden in entgegengesetzter Richtung drehen. Die Wurst wird jetzt ganz fest und stramm und wie eine steife Rolle. Verfahren Sie mit dem restlichen Brei genauso, bis Sie alles eingerollt haben, und legen Sie die Rollen in kochendes Wasser, wo sie eine halbe Stunde garen sollten. Dann nehmen Sie die Rollen mit der Schaumkelle heraus und lassen sie abkühlen. Sie sind im Kühlschrank einige Tage haltbar und lassen sich auch einfrieren.

Wenn die Kloßmasse erkaltet ist, lösen Sie die Alufolie von dem nun festen Teig und schneiden ihn diagonal in 2 cm dicke, ovale Scheiben. Diese Scheiben werden in Butter von beiden Seiten sehr rasch goldgelb gebraten und mit Spiegelei, mit Gulasch oder Geschnetzeltem oder einfach so mit einem frischen gekräuterten Salat gegessen.

Sie können den Serviettenknödel auch mit Zwiebeln oder Speckstückchen, mit Spinatblättern oder Mangold anreichern, und Sie können ihn auf die klassische Weise zubereiten: in einem Leinentuch zusammengebunden, in Wasser gegart und bei Tisch portionsweise aufgeschnitten. Er muß nicht aufgebraten werden, schmeckt aber knusprig besser und sieht in Scheiben geschnitten hübscher aus.

Süße Schwäche

∝

Apfelkrapfen

500 g große Äpfel
2 Eßlöffel Zucker
120 g Mehl
2–3 Eßlöffel Milch
2 Eier
Salz
Butterfett
Zimtzucker zum Bestreuen

Stechen Sie das Kerngehäuse aus den Äpfeln, und schneiden Sie sie in dicke Ringe. Zuckern Sie die Ringe und stellen Sie aus Mehl, Milch, Eiern und einer Prise Salz einen Pfannkuchenteig her. In diesem Teig wenden Sie die Apfelscheiben und backen sie in heißem Butterfett in einer Pfanne goldgelb aus. Wenn sie fertig sind, werden sie mit Zucker und Zimt bestreut und genüßlich vernascht. Wer eine Besänftigung für seine Unruhe braucht, kann die Apfelkrapfen als komplette Abendmahlzeit verzehren.

Deftige Dämpfer

❦

Dampfnudeln

500 g Mehl
1 / 4 Liter Milch
1 Tütchen Trockenhefe
1 Ei
70 g Butter
80 g Zucker
Salz

Man bereitet aus den Zutaten einen Hefeteig nach der Anweisung auf dem Hefetütchen, formt golfballgroße Kugeln, deckt sie mit einem Tuch ab und läßt sie aufgehen bis zur Größe eines Tennisballs. Dann gibt man in einen gut schließenden Topf die Butter und die Milch. Dazu kommt ein Eßlöffel Zucker, und dann wird die Milch erhitzt. In die heiße Milch werden nun die dicken Hefenudeln nebeneinander gesetzt, zugedeckelt und zwanzig Minuten lang bei schwacher Hitze geschmort. Wenn aus dem Topf ein schmurgelndes Geräusch kommt, ist die Milch verkocht, die Nudeln haben eine braune Kruste auf der Unterseite bekommen und sind fertig. Man serviert sie mit der braunen Kruste nach oben und reicht Vanillesauce oder Kompott dazu.

Jugendtraum

Kirschenmichel

5 alte Brötchen
1/4 Liter Milch
1 kg süße Kirschen
5 Eier
150 g Zucker
1 Eßlöffel Vanillezucker
100 g Butter
1 Messerspitze Zimt
Schale von 1/2 Zitrone
125 g gehackte Mandeln

Die Brötchen in Scheiben schneiden und mit heißer Milch übergießen. Die Kirschen waschen, Stiele entfernen, aber die Kerne bleiben drin. Trennen Sie die Eier, und rühren Sie die Eigelbe, den Vanillezucker und die Butter miteinander schaumig. Dazu kommen Zimt und Zitronenschale. Nun vermischen Sie Kirschen, eingeweichte Brötchen und Eischaum miteinander, schlagen die Eiweiße zu steifem Schnee und heben ihn unter die Masse. Füllen Sie alles in eine gefettete Auflaufform, klecksen noch ein paar Butterflöckchen darauf, streuen die Mandeln darüber und lassen alles im Ofen bei 180° C in etwa einer Stunde goldbraun backen. Mit Puderzucker bestäuben und noch warm verzehren. Schmeckt aber auch kalt.

Sanftes Sommerglück

Kräuterrisotto

400 g Arborio-Reis
1 Zwiebel
1 Knoblauchzehe
2 Eßlöffel Olivenöl
1 Glas Weißwein
1 Liter Brühe
2–3 Eßlöffel Parmesan
Butter
je eine Handvoll Petersilie, Basilikum, Schnittlauch,
 Kresse
Pfeffer und Salz

Hacken Sie die Zwiebel und den Knoblauch, und dünsten Sie sie in einem großen Topf im Olivenöl glasig. Dann fügen Sie den Reis hinzu und rühren ihn mit einem Holzlöffel, bis jedes Korn von Fett überzogen ist und glänzt. Nun wird mit Wein abgelöscht. Rühren Sie, bis er vollkommen aufgesogen ist. Dann wird nach und nach mit 1 Liter kochender Brühe aufgefüllt. Immer wenn eine Kelle voll aufgesogen ist, folgt die nächste, bis der Reis weich und die Flüssigkeit aufgebraucht ist. Dann kommen 2–3 Eßlöffel geriebener Parmesan an den Reis, ein dicker Klacks Butter und die kleingehackten Kräuter. Ist alles gut gewürzt mit Pfeffer und Salz? Schnell umrühren, schnell servieren.

Machen satt und nicht faul

Bandnudeln mit Zuckerschoten und Käsesahne

400 g Zuckerschoten
1 Zwiebel
1 Knoblauchzehe
tiefgekühlte Erbsen
Butterfett
1/4 Liter Brühe
200 ml Schlagsahne
200 g Gorgonzola oder ein anderer Blauschimmel-
käse
400 g Bandnudeln
1 Bund Petersilie
Butter oder Olivenöl
Salz, Pfeffer

Ziehen Sie die Fäden von den Zuckerschoten ab, und schneiden Sie sie in Rauten. Mit der gehackten Zwiebel, einer gehackten Knoblauchzehe und einer Handvoll tiefgekühlter Erbsen werden sie in Butterfett gedünstet, dann mit der Brühe aufgefüllt und noch fünf Minuten weitergekocht und beiseite gestellt. Die Sahne wird zehn Minuten lang eingekocht. Dann schneiden Sie den Käse klein und rühren ihn in die Sahne, bis er sich ganz aufgelöst hat. Kochen Sie nun die Nudeln nach Packungsanweisung in gesalzenem, heftig sprudelndem Wasser und lassen Sie sie danach abtropfen. Dann werden sie mit einem dicken Klacks Butter oder 2 Eßlöffeln

Öl vermischt, damit sie nicht aneinanderkleben, und mit der geschnittenen Petersilie bestreut. Geben Sie nun die Erbsen und die Schoten in die Sahne-Käse-Sauce, schmecken Sie sie mit Pfeffer und Salz ab und servieren sie zu den Nudeln.

Sanft, edel und beglückend

❧

Kokosreis mit Garnelen

100 g getrocknete Kokosraspel
350 g Zwiebeln
1 Knoblauchzehe oder mehr
frischer Ingwer
Öl
2 Tassen Langkornreis
1/2 Liter Brühe
2 Teelöffel Madras-Curry
8 Garnelen, gekocht und ohne Schale
1 Eßlöffel brauner Zucker
2 Eßlöffel Sojasauce
Salz

Die Kokosraspel werden in 1/4 Liter Wasser weichgekocht, dann mit dem Pürierstab püriert, durch ein Tuch gut abgetropft und ausgedrückt. Die so gewonnene Kokosmilch wird beiseite gestellt. Hacken Sie nun die Zwiebeln und eine oder mehr Knoblauchzehen, raspeln Sie eine halbe Ingwerknolle und dünsten alles in 3 Eßlöffeln Öl. Nun geben Sie den Reis dazu und rösten ihn ein wenig mit. Dann füllen Sie mit der Brühe auf und lassen den Reis etwa 15 Minuten lang bei geschlossenem Topf ausquellen. Nun rühren Sie die Kokosmilch und den Curry unter den Reis und halten den Topf zugedeckt warm. Jetzt kommen auch die Garnelen ins heiße Öl mit der anderen Hälfte des geraspelten Ingwers, einem Eßlöffel braunem Zucker und 2 Eßlöffeln Sojasauce und werden etwa 5 Minuten gebraten. Schmecken Sie den Reis mit Salz ab, gießen Sie die Garnelensauce über den Reis und servieren Sie.

Süße Wonne zum Dessert

Malagapudding mit Weinschaum

150 g Butter
30 g Zucker
1 Paket Löffelbiskuits
1 Glas Malaga oder anderer Dessertwein
7 Eigelb
4 Eiweiß
4 Eßlöffel Puderzucker
abgeriebene Schale von 1 Zitrone
100 g festes Apfelmus oder anderes püriertes
    Kompott ohne Flüssigkeit

Als erstes heizen Sie den Backofen auf 180° C vor und stellen eine große Schüssel mit Wasser, in der die Puddingform Platz hat, hinein. Eine Puddingform von 1 1/2 Liter Inhalt, möglichst mit Rohr in der Mitte, wird gleichmäßig mit etwas Butter ausgepinselt und mit Zucker ausgestreut. Die Löffelbiskuits grob brechen und mit Malaga beträufeln. Nun schlagen Sie die restliche Butter mit 2 Eßlöffeln Puderzucker schaumig und geben nach und nach die Eigelbe hinzu. Die Eiweiße werden getrennt mit 2 Eßlöffeln Puderzucker steif geschlagen und unter die gelbe Masse gehoben. Jetzt mischen Sie auch das Fruchtmus dazu und schichten in die Puddingform zunächst Biskuits, dann Eiermasse, und so weiter. Die letzte Schicht ist Eiermasse. Nun decken Sie die Form mit Alufolie ab und stellen sie in das Wasserbad im Ofen. Etwa zwei Drittel hoch soll ihr das Wasser stehen. In einer Stunde ist der Pudding gut. Stürzen Sie ihn auf einen Teller, wo er auskühlen kann, bevor Sie die Form abheben. Die Weinschaumsauce bereiten Sie zu wie auf Seite 69 beschrieben und servieren sie mit dem Pudding.

Fette Schlummernudeln

☙

Tagliatelle mit Walnußsauce

50 g Walnußkerne
2 Schalotten
Butter
200 ml Sahne
Salz, Pfeffer
250 g Tagliatelle (Eier-Bandnudeln)
Parmesankäse

Die Walnüsse und die Schalotten werden mit einem großen Messer kleingehackt und in Butter glasig angebraten. Dann gießen Sie die Sahne dazu, pfeffern und salzen. Man läßt die

Sauce etwas einkochen und vermischt sie mit den Nudeln, sobald diese gar und abgetropft sind. Über den Nudelberg kommt zum Schluß viel geriebener Parmesankäse.

Konzentriert und gelassen vor dem Fernseher

Spaghetti mit Thunfischsauce

1 Dose Thunfisch, in Wasser und Salz eingelegt
1 Knoblauchzehe oder mehr
1 Zwiebel
1 Bund Petersilie
rote Pfefferschote, entkernt
2 Eßlöffel Olivenöl
1 / 4 Liter Schlagsahne
1 Eigelb
2 Eßlöffel Parmesan
Kapern
400 g Spaghetti
Salz, Pfeffer

Knoblauch, Zwiebel, Petersilie, ein Stück rote Pfefferschote und den Thunfisch kleinhacken und in Olivenöl dünsten. Sahne, Eigelb, Parmesan, Salz und Pfeffer verrühren und mit einer Handvoll Kapern zu der Thunfischmasse in den Topf geben. Wenn Sie nun die Spaghetti in kochendem Salzwasser al dente gekocht haben, gießen Sie sie ab, geben sie in ein vorgewärmtes Gefäß, gießen die Thunfischsauce darüber und tragen die dampfende Pracht auf.

Kein Snack zum Aufregen

 ༠

Kräutertörtchen zum Apéritif

1 Muffinform
für 4 Personen 16 Scheiben Toastbrot
Butter
Schnittlauch, Dill, glatte Petersilie, Liebstöckel oder
* ein anderes Kraut, soviel Sie finden mögen*
2 Eier
150 ml Sahne
2 Eßlöffel Parmesankäse
Salz, Pfeffer, Muskat

Stechen Sie mit einer runden Form Kreise aus den Toastbrotscheiben und rollen Sie sie mit einem Nudelholz flach.
Bestreichen Sie die Kreise von beiden Seiten mit Butter, und
drücken Sie sie vorsichtig in die Vertiefungen der Muffinform, so daß ein Rand hochsteht. Schieben Sie die Form in
den vorgeheizten Backofen (200° C), und backen Sie die
Törtchenböden hellbraun und knusprig. Nun vermischen
Sie viele gehackte Kräuter mit der Sahne und den Eiern, salzen, pfeffern und reiben Muskat in die Masse und gießen sie
auf die Brotförmchen, so daß nichts überläuft. Streuen Sie
auf jedes Förmchen Parmesankäse. Die Hitze kann herun-
tergeschaltet werden auf 180° C. In etwa 1/2 Stunde ist die
Masse fest und leicht gebräunt, und die Küchlein sind fertig.
Sie können die Törtchen auch zum Abendbrot verspeisen
mit einem frischen Salat.

Wie Sie Lust und Liebe schmecken

Niemand soll glauben, daß eine Mahlzeit bei einem Paar Lust und Liebe herbeizaubern kann, das sich miteinander langweilt. So einfach ist es nicht, aber wenn Liebe als Grundschwingung zwischen zwei Menschen vorhanden ist, kann dieselbe Mahlzeit die sexuelle Lust steigern, die erotische Phantasie beflügeln und alle sinnlichen Empfindungen verstärken.

Austern und alles andere Meeresgetier galt immer schon als stimulierend, ebenso jede Art von Fleisch und außer Sellerie durchaus auch noch viele andere Gemüse.

Beliebt waren in früheren Zeiten auch Lebensmittel, die schon rein äußerlich aussahen wie weibliche oder männliche Geschlechtsteile, zum Beispiel Spargel, Bananen, Austern.

Auch Schweinescheiden, Stierhoden und Schafspenis galten mancherorts als wahnsinnig aufregend. Und natürlich scharfe Speisen. Enten, Wildtauben und Rebhühnern sagt man nach, daß ihr Verzehr besonders die sexuelle Phantasie von Frauen beflügelt. Besonders wirksam sollen Kräuter und Gewürze sein, die in allen arabischen Ländern von raffinierten Hausfrauen beim Entfachen der heimischen Liebesglut eingesetzt werden. Gewürze beeinflussen die Nerven und das Gefühlszentrum. Ingwer, Chili und Pfeffer sind scharf und sollen scharf machen. Zwei Teelöffel der getrockneten Petersilienwurzel werden zehn Minuten lang überbrüht und ergeben dann einen Tee, der die Blutzufuhr im Unterleib in hohem Maße antreiben soll. Wegen dieser stark stimulierenden Eigenschaft wurde Petersilie früher auch als Abtreibungsmittel eingesetzt.

Auch dem Liebstöckel, dem Maggikraut, sagt man wunderbare Wirkung auf die Genitalien nach. Heute ist das Kraut ein wenig in Vergessenheit geraten, weil moderne Rezepte fehlen. Probieren Sie es aber mal aus, und verhelfen Sie dem grünen und im Garten kräftig wachsenden Kraut zu neuen Ehren in Ihrer Liebesküche, indem Sie Salate, Quark, Suppen und Saucen damit würzen.

Wahrscheinlich war man sich immer schon bewußt, daß die Phantasie bei der sexuellen Stimulation von großer Bedeutung ist und daß die Liebe zwar durch den Magen, aber die Sexualität vor allem durch den Kopf geht. Dennoch wollen wir das Geheimnis, das gewöhnliche Lebensmittel in sich tragen, auch in sexueller Hinsicht beachten. Viele der als aphrodisisch bekannten Lebensmittel sind besonders proteinreich und fettarm. Ein aphrodisisches Mahl ist leicht und vielfältig. Alles, was faul und müde macht wie viel Fett und viele Kohlehydrate, alles was belastet und beschwert, paßt nicht zu einer lustvollen Nacht. Fette und Kohlehydrate dürfen nur als entspannungsversprechende Komponente beigefügt werden. Es kommt immer auf die Dosierung an. Also: Viel Protein macht wach, schürt Tatkraft und Mut, Gewürze sind für die Lust. Dazu kommt die euphorisierende Mischung von Fett und Kohlehydraten in schwächerer Dosierung. Ein paar Sweeties und Schampus für den schnellen euphorischen Kick können nicht schaden.

Die Rezepte sind für zwei angegeben. Bei einer Orgie müssen die Zutaten hochgerechnet werden.

Auf einen Blick

Nahrungsmittel zum Anheizen:
Vorwiegend proteinhaltige Nahrungsmittel wie Fisch und Fleisch, aber auch pflanzliche wie Hülsenfrüchte; wenig Fett, wenig Kohlehydrate. Ganz besonders reichhaltig sind Proteine in Austern, Meeresfrüchten und Fisch enthalten. Auch in rohem Rindfleisch. In einigen proteinhaltigen Lebensmitteln verbergen sich Fette wie zum Beispiel in Fleisch, Käse und Eiern. Besonders zu bevorzugende Proteine sind in Milch und Milchprodukten, am besten fettreduziert, enthalten, ebenso in Huhn, Puter, Wild, Kaninchen und anderem magerem Fleisch.

Belebende und entspannende Gewürze
und Scharfmacher:
Anis, Basilikum, Bohnenkraut, Ingwer, Kardamom, Knoblauch, Koriander, Muskat, Gewürznelke, Paprika, Petersilie, Pfeffer und Pfefferschoten, Safran, Vanille, Zimt.

Getränke, die sinnlich und friedlich stimmen:
Kaffee mit Kardamom, auch Champagner, warme Milch mit zerstoßener Nelke, Wein mit Anis-Samen, Tomatensaft mit Ginseng.

Liebesmahl

⚙

Kraftsaft

Selleriecreme

Knusprige Garnelentäschchen

Rinderfiletspitzen mit Kürbis-Mango-Curry

Campari-Orangen-Sorbet

dazu von Anfang bis Ende Pitzelwasser

und Champagner

Kraftsaft

500 g ganze gehäutete Tomaten

1 geschälte Salatgurke

1 Knoblauchzehe oder mehr

1 grüne Paprikaschote

1 Zwiebel

2 – 3 Spritzer Tabasco

Saft von 1 Zitrone

1 Eßlöffel feines Olivenöl

Salz, Pfeffer

Alles zusammen wird im Mixer oder mit dem Zauberstab püriert und im Kühlschrank mehrere Stunden lang gekühlt. Das ist in einem hohen Glas, mit einem Schluck Wodka bekräftigt, einem Eisstück und einer Stange Sellerie serviert, ein scharfer Kraftdrink zur Einstimmung. Es kann aber auch, im Teller serviert mit ein paar heißen, geknofelten Weißbrotstückchen, eine kalte Überraschung vor dem hitzigen Abend sein.

Selleriecreme

1 Sellerieknolle
1 Kartoffel
Crème fraîche
Salz, Pfeffer, Muskat
Petersilie

Eine kleine Sellerieknolle und eine Kartoffel werden geschält, gewürfelt und zusammen in wenig Wasser gegart. Nun püriert man beides zusammen im Kochwasser und glättet die Creme, indem man sie durch ein Sieb streicht. Mit Butter, mit Crème fraîche, mit Salz, Pfeffer und Muskat wird abgeschmeckt. Obendrauf sprenkeln Sie für die Magie und für das bessere Aussehen ein Häuflein Petersilie.

Knusprige Garnelentäschchen

4 große oder 6–8 kleine Garnelen
1 Handvoll frische Shitake-Pilzköpfe
1 Stange Porree
3 Schalotten
1–2 Knoblauchzehen
Cognac
Zitronensaft
kleine Frühlingsrollenteigblätter oder runde kleine
*   Reispapierblätter aus dem Asia-Geschäft*
Butterfett
Chili-Dip

Die Garnelen werden mit einem scharfen Messer fein gewürfelt, die Shitake-Köpfe, die Schalotten, der Knoblauch und das Weiße vom Porree werden gehackt und alles in wenig Fett gedünstet. Mit 1 Schuß Cognac ablöschen, etwas Zitrone dranspritzen, pfeffern und salzen. Die Flüssigkeit muß schnell verdampfen, damit die Mischung nicht zu feucht ist. Wenn sie zu saftig ist, kann etwas Kartoffelmehl hineingerührt werden.

Der Frühlingsrollenteig wird in einem feuchten Tuch aufgetaut. Nun packen Sie die Garnelenmasse in kleinen Portionen in den Teig ein. Wenn Sie das trockene und brüchige Reispapier nehmen, müssen Sie es mit einem Lappen einzeln befeuchten, bevor Sie es kniffen können.

Die Täschchen werden nun in heißem Butterfett von beiden Seiten knusprig golden gebraten und mit einem süßscharfen Chili-Dip, den es in Flaschen zu kaufen gibt, serviert.

Rinderfiletspitzen mit Kürbis-Mango-Curry

200 g Kürbisfleisch
1 Teelöffel Madrascurry
Weißweinessig
Zucker
1 Mango
350 g Rinderfilet
Cognac
Sahne
grüner Pfeffer im Glas
Butterfett
Salz, Pfeffer

Den Kürbis in Würfel schneiden und in heißem Butterfett glasig trockenschmoren. Dann mit Madrascurry bestreuen. Mit Essig und Zucker schön süßsauer abschmecken. Zum Schluß die Mango schälen und das gewürfelte Fruchtfleisch zum Kürbis geben. Noch 1 Minute lang weiterschmoren.

Das Fleisch wird in Streifen von der Länge und Dicke des kleinen Fingers geschnitten, die in sehr heißem Butterfett in einer zweiten Pfanne ganz schnell braun gebraten werden. Dann nehmen Sie das Fleisch aus der Pfanne und legen es beiseite. Nun gießen Sie einen Schluck Cognac in die Pfanne und einen Schluck Sahne, streuen ein paar grüne Pfefferkörner aus dem Glas hinterher, dann geben Sie das Fleisch mit dem Fleischsaft wieder hinein, salzen und pfeffern, schwenken noch einmal alles und richten schnell Fleisch und scharfe Früchtchen nebeneinander an.

Campari-Orangen-Sorbet
Orangen, ungespritzt
250 g Zucker
3 Blatt Gelatine
1/4 Liter Campari
1/4 Liter Wein

Pressen Sie so viele Orangen aus, daß Sie 1/2 Liter Saft haben. Nun erhitzen Sie den Zucker in 1/2 Liter Wasser so lange, bis er aufgelöst ist (Läuterzucker). Weichen Sie 3 Blatt Gelatine in kaltem Wasser ein, und geben Sie sie dann in den heißen Läuterzucker. Rühren Sie gut mit einem Schneebesen, damit sie sich ganz auflöst. Gießen Sie nun Saft und Läuterzucker zusammen und dazu noch 1/4 Liter Campari und 1/4 Liter Wein. Lassen Sie alles abkühlen, und stellen Sie dann die Flüssigkeit in den Gefrierschrank. Nach ein paar Stunden sollten Sie das Sorbet gut umrühren, damit die Masse gleichmäßig kristallisiert. Decken Sie es mit Folie ab.

Dieses Sorbet läßt sich vernaschen, wie es ist. Zwei Hitzköpfe schaffen das in einer langen Nacht. Oder Sie geben einen Eßlöffel voll in ein Champagnerglas und füllen alles mit perlendem Prickel auf. Dann reicht es für ein ganzes Liebeswochenende.

Stärkung für die Domina

ॐ

Blutiges Steak mit scharfem Salat

1 fingerlanges Stück Salatgurke
1 Tomate
1/2 rote Paprikaschote
1/2 grüne Paprikaschote
Schafskäse – soviel Sie mögen
2–3 eingelegte grüne Pfefferschoten
frischer Knoblauch (muß nicht sein)
Olivenöl
Aceto balsamico oder Zitronensaft
Rinderfiletstücke von befriedigender Größe
Butterfett
Salz, Pfeffer

Bereiten Sie zuerst den Salat vor. Alles wird kleingeschnippelt außer den Pfefferschoten, die legen Sie obendrüber. Zerbröckeln Sie auch den Schafskäse, und pressen Sie die Knoblauchzehe in den knackigen Haufen. Mit Salatsauce aus Pfeffer, Salz, Öl, Aceto balsamico anmachen. Der Salat macht mutig und hurtig. Das Fleisch legen Sie kurze Zeit auf jeder Seite in sehr heißes Butterfett und braten es sehr scharf an, bis es braun ist. Stellen Sie es noch kurz hochkant und stützen es dabei. Pfeffern, salzen, fertig. Das Fleisch ist innen noch roh, und so soll es sein. Das gibt der Domina den richtigen Halt.

Erfrischung für den Sklaven

Kalte Gurkensuppe

1 Salatgurke
1 Frühlingszwiebel
2 Eßlöffel Dill oder Pfefferminze
Saft von 1 / 2 Zitrone
4 Tassen Geflügelbrühe (Paste)
4 Tassen Vollmilchjoghurt
1 Knoblauchzehe nach Belieben
Salz und Pfeffer

Wenn Sie eine frische, lange und dünne Salatgurke aus dem Bio-Laden bekommen, brauchen Sie weder die Schale noch die Kerne zu entfernen. Die Gurke und alle übrigen Zutaten kommen auf einmal in die Küchenmaschine und wirbeln so lange herum, bis sie sich zu einer glatten hellgrünen Creme verbunden haben. Wenn Sie die Suppe kalt verspeisen wollen, stellen Sie sie mindestens für zwei Stunden in den Kühlschrank. Aber sie schmeckt auch warm. Achten Sie aber darauf, daß die Suppe nicht zu heiß wird, sonst flockt sie aus, weil das Protein gerinnt. Und wenn Sie und Ihr Partner gut drauf sind, vergessen Sie nicht, eine Knoblauchzehe mit in den Mixer zu werfen.

Süßes Würzsüppchen für Schleckermäuler

Pflaumensuppe mit Kardamom-Sahne

Etwa 40 entsteinte getrocknete Pflaumen
1 Glas Pflaumensaft (Reformhaus)
2 Zimtstangen
6 Gewürznelken
1 Gläschen Portwein
Zitronensaft nach Geschmack
100 g geschlagene Sahne
gemahlener Kardamom nach Geschmack
1–2 Eßlöffel Pinienkerne

Zusammen mit Zimt und Nelken werden die Pflaumen im Pflaumensaft so lange sanft geköchelt, bis sie ganz weich sind. Das dauert ungefähr ein Viertelstündchen. Lassen Sie die Suppe abkühlen, und entfernen Sie die Gewürze. Nun wird die Suppe mit einem Pürierstab oder in der Küchenmaschine ganz glatt geschlagen, dann kommen Zitronensaft und Portwein dazu. Die Schlagsahne wird steif geschlagen und mit Kardamom gewürzt, die Pinienkerne werden ohne Fett ganz rasch in einer Pfanne leicht braun geröstet. Die

Suppe kann gut gekühlt serviert werden, aber auch warm. In jedem Fall kommt obenauf ein guter Berg Schlagsahne, der mit einer Gabel ein bißchen spiralig rundherum in die braune Masse gezogen wird. Darauf werden die Pinienkerne gestreut. Die Suppe ist sehr würzig. Sie regt am Morgen an und am Mittag und als Dessert am Abend auch.

Sündiger Salat

❧

Selleriesalat mit Orangenfilets und Walnüssen

1 kleiner Knollensellerie

3 – 4 Eßlöffel Walnußöl

Saft von 1 Zitrone

3 – 4 Schalotten oder 1 – 2 Frühlingszwiebeln

2 Orangen

Walnüsse

Lösen Sie mit einem scharfen Messer die dicke Haut vom Selleriekopf, und schneiden Sie ihn in 1 cm dicke Scheiben und dann in Streifen und Würfel. Die Würfel werden in kochendem, gesalzenem Wasser gekocht, bis sie weich sind.

Lassen Sie sie abtropfen, und gießen Sie über den warmen Sellerie eine Marinade aus Walnußöl und Zitronensaft, kleingewürfelten Schalotten oder ein bis zwei Frühlingszwiebeln. Nun filetieren Sie die Orangen, indem Sie sie bis aufs Fleisch schälen und dann die Spalten zwischen den weißen Häutchen herausschneiden. Die Orangen werden unter den Salat gemischt, und obendrüber kommt eine Handvoll gehackter Walnußkerne. Das schmeckt frisch und würzig, und Sellerie hat einen guten Ruf in der Liebesbotanik.

Animierende Leckerei

***

Lachstatar

250 g frisches Lachsfilet
1 Frühlingszwiebel
je 1 Bund Dill und Petersilie
Zitrone
Salz, Pfeffer

Schneiden Sie mit einem schweren scharfen Messer das Lachsfilet in sehr kleine Würfelchen, oder drehen Sie es durch die große Scheibe des Fleischwolfes. Nun schnippeln Sie eine ganze Frühlingszwiebel sehr fein und auch ein Sträußlein Dill und Petersilie, mischen alles unter das Lachstatar und schmecken mit Pfeffer, Salz und Zitrone ab. Formen Sie nun für sich und den Schatz je zwei kleine Bällchen, und drapieren Sie sie an einen kleinen bunten Salat.

Das Tatar schmeckt roh ganz vorzüglich, aber auch kurz gebraten ist es rasant. In dem Fall sollten Sie dem Tatar ein Ei beimischen, die geformten Lachsfrikadellen in Kartoffelmehl kurz wälzen, damit die etwas grobe Masse besser zusammenhält. Außerdem bekommen sie dann leichter eine goldig knusprige Farbe.

Verführungsschnatzelei

༄

Hummer- oder Krabbencocktail, klassisch

1 Hummer oder Languste oder 1 kg Nordseekrabben
(= etwa 300 g Krabbenfleisch)
0,2 Liter Sahne
Tabasco
Tomatenketchup
Cognac
Salz, Pfeffer
grüner Salat

Am besten ist ein Hummer oder eine Languste, für jeden eine Hälfte. Wenn Sie Geduld haben und an frische Nordseekrabben kommen, nehmen Sie die, und puhlen Sie sie selbst aus. Krabben schmecken wunderbar, aber nur wenn sie selbst gepuhlt sind, weil die strengen Konservierungsvorschriften für Krabbenfleisch leider den feinen süßen Geschmack verderben. Auch das Fleisch von Flußkrebsen und Scampi eignet sich. Lösen Sie das kalte Fleisch aus dem Panzer und den Scheren. Schlagen Sie nun die Schlagsahne. Wenn sie schön steif ist, würzen Sie sie mit ein paar kräftigen Spritzern Tabasco, mit 1 Eßlöffel Ketchup oder mehr, mit 1 Eßlöffel Cognac, Pfeffer und Salz und heben das Krebsfleisch darunter. Richten Sie alles auf einem Salatblatt an. Dazu gibt es Schampus und gebutterten Toast.

Gieriges Fleisch

Glasierte Wachteln

4 Wachteln
getrockneter Salbei und frische Salbeiblätter
1 Handvoll kernlose Weintrauben
durchwachsener Speck
1 Eßlöffel Pinienkerne
1 Teelöffel Honig
Öl
Salz, Pfeffer

Als erstes wird der Backofen auf 180° C aufgeheizt. Eine Tasse voll fein gewürfeltem Speck wird mit etwas Öl in einer Schmorpfanne ausgelassen, dann mit dem Schaumlöffel herausgenommen und auf ein Küchentuch zum Abtropfen gelegt. Die Wachteln werden am Brustbein entlang halbiert, gesalzen, gepfeffert und mit dem zerbröselten, getrockneten Salbei eingerieben. Dann brät man sie mit der Fleischseite nach unten im heißen Speckfett an. Dann dreht man die Wachteln um, gibt eine Handvoll halbierte Weintrauben, die Speckwürfel und die Pinienkerne dazu und brät alles in der Schmorpfanne, die keinen Kunststoffgriff haben darf, bei etwa 180° C für 15 Minuten im Ofen gar. Man nimmt die Pfanne heraus, gibt ein Löffelchen Honig in die Sauce und gießt sie über die Wachteln. Mit frischen Salbeiblättern verzieren und mit Baguette servieren.

Verleiht der Liebe Flügel

Flugentenwurst mit vielen Kräutern

Schweinenetz
2 Flugentenbrüste
Blätter und Nadeln von jeweils 3 Zweigen frischem
   Rosmarin, Thymian, Salbei
2 Knoblauchzehen
Schale von 1 Zitrone
Cognac
Worcestershiresauce
Butterfett
Salz, Pfeffer

Wenn Sie ein gefrorenes Schweinenetz vom Schlachter bekommen haben, legen Sie es in Wasser, damit es auftaut.
Außer dem Schweinenetz werden alle Zutaten durch die grobe Scheibe des Fleischwolfs gedreht. Mit Cognac, Worcestershiresauce, Pfeffer und Salz kräftig abschmecken. Dann
werden aus der Fleischmasse Würste geformt von etwa
100 g Gewicht. Lösen Sie ein Stück vom Schweinenetz ab,
breiten Sie es auf einem Tuch aus und wickeln eine
Fleischwurst darin ein. An den Enden einen Zipfel von 1 cm
stehenlassen. So entstehen etwa vier bis fünf Würste, die in
Butterfett gebraten werden. Das restliche Schweinenetz können Sie abtropfen lassen und wieder einfrieren.

Die Würste werden auf gut gekräutertem grünem Salat
angerichtet.

Fernöstliche Verführung

Sushi

250 g Klebreis aus dem Asia-Shop
4 Eßlöffel Reisessig
1 Gurke
100 g Tiefseekrabben, eventuell eine fingerdicke
*   Scheibe frisches Lachsfilet, in Streifen geschnitten*
2 Teelöffel Sesamsaat
Nori-Algenblätter
japanische Sojasauce
Wasabi (grüner Meerrettich in der Tube)
japanischer eingelegter Ingwer

Der Reis muß sehr sorgfältig gewaschen werden, bis das Wasser klar ist. Dann wird er mit knapp der doppelten Menge Wasser gekocht, bis das Wasser aufgesogen ist. Dann kommen 4 Eßlöffel Reisessig an den Reis. Nun fächelt der Japaner den Reis und wendet ihn dabei ab und zu, damit er etwas trocknet und jedes Korn mit Glanz überzogen wird. Der kommt von der Stärke.

Hacken Sie ein 10 cm langes Stück von der Gurke fein, und schneiden Sie die Hälfte der Tiefseekrabben sehr klein. Mischen Sie das Krabbenfleisch mit den Gurkenstückchen und dem Sesamsamen unter den Reis. Schneiden Sie nun die Nori-Blätter jeweils in 4 gleiche Teile, nehmen ein Teil in eine Handfläche, legen mit angefeuchteten Fingern etwas bunten Krabbenreis auf das Blatt und in die Mitte zusätzlich eine Tiefseekrabbe oder einen Streifen Lachs. Nun wickeln Sie das Nori-Blatt fest zu einer spitzen Tüte um Reis und Fisch herum, tauchen die Tüte kopfüber in Sojasauce, die Sie mit etwas grünem Meerrettich noch ordentlich angeschärft haben, und verspeisen sie. Zwischendurch naschen Sie immer wieder vom eingelegten Ingwer. Mit Wasser gefüllte Fingerschalen nicht vergessen.

Eine Sünde wert

☙

Erdbeeren mit warmem Weinschaum

250 g Erdbeeren, geputzt und geviertelt
2 Eßlöffel Puderzucker
1 Schnapsglas Orangenlikör
1 kleines Glas Weißwein
3 Eigelb
2 Eßlöffel Zucker

Die Erdbeeren werden in einer Schüssel mit Puderzucker bestreut und mit Orangenlikör beträufelt. So können sie eine Viertelstunde lang marinieren. In der Zeit bereiten Sie den
Weinschaum
zu. Das Eigelb vermischen Sie mit dem Zucker, gießen den Wein dazu und schlagen alles rasch über einem heißen Wasserbad mit dem Schneebesen auf, bis die Sauce dick, hellgelb und schaumig ist. Füllen Sie die Erdbeeren in kleine Schälchen, und gießen Sie den süßen und verführerischen Weinschaum darüber. Wenn Sie den Schaum mit Marsala zubereiten, wird er eine italienische Zabaione.

Kleines Zwischendurch

Überraschungseier

2 hartgekochte Eier
1 Bund Petersilie
Walnußöl und Balsamessig
Senf, einige Kapern
4 Artischockenherzen aus der Dose
zum Garnieren Feldsalat, Brunnenkresse, Rucola
*   oder anderes Grünzeug sowie*
einige Borretschblüten, Kapuzinerkresseblüten und
*   -blätter oder andere eßbare Blumen wie Gänse-*
*   blümchen oder Salbeiblüten*

Aus gehackter Petersilie, gehackten Kapern, Öl, Balsamessig
und etwas Senf bereiten Sie eine Vinaigrette zu. Die Eier
werden in der Länge halbiert. Lösen Sie nun das Eigelb heraus, das mit etwas Öl und den Artischockenherzen püriert
wird. Auf den grünen, blauen und gelbroten Blättern anrichten. Die Artischocken-Ei-Masse über und in die Eihälf-
ten füllen. Die Vinaigrette darüber gießen und alles in den
Kühlschrank stellen, damit die anregende Schnatzelei schon
fertig ist, wenn der Hunger auf Nahrung den Liebeshunger
übersteigen sollte.

Süßer Naschkram

Rum-Kugeln

100 g Schokoladenstreusel
1/2 Tasse Milch
3 Teelöffel Honig
2/3 Tasse Rum
1 Tasse feingehackte Walnüsse
2 1/2 Tassen zerbröckelter Zwieback
1/2 Tasse Puderzucker

Schokolade, Milch, Honig und Rum über kleiner Flamme schmelzen und verrühren. Nüsse und Zwiebackbrösel dazurühren und 30 Minuten stehenlassen. Dann werden kleine Kugeln geformt, die man mit Puderzucker bestäubt und 1 Stunde im Kühlschrank auskühlen läßt. Früher, als es noch erlaubt war, wurde die Mischung mit 1/2 Tasse Marihuana angereichert, einem sehr potenten Aphrodisiakum. Die beliebte Nachwirkung war intensives Rumkugeln.

Vor dem letzten Akt

☙

Liebestrank

Milch
Cashewkerne, Mandeln, Pistazien oder Pinienkerne

Milch wird in einem Mixer mit ein paar Cashewkernen, Mandeln und Pistazien oder Pinienkernen schaumig geschlagen und dann etwas erwärmt. Diese Milch heizt von innen an kühlen Abenden. Sie entspannt und beruhigt die Nerven. Sie verschafft ein wohliges Gefühl im Magen, macht etwas schläfrig und triebhaft.

Kühles für die heiße Nacht

☙

Blühende Jungfrau

1 Eiweiß pro Schleckerzunge
gut gezuckerte, pürierte rote Johannisbeeren

Man schlägt das Eiweiß ganz steif und wolkig und vermischt es mit dem Johannisbeermus. Der Schaum flutscht traumsüß die Kehle herunter. Man braucht kein Besteck dazu, nur eine lange Zunge.

Dieses ist ein uraltes Gericht aus der Arme-Leute-Küche, das zwar nicht über außergewöhnlich bemerkenswerte aphrodisische Eigenschaften verfügt, aber als brainfood dennoch tauglich ist, weil es einen eigenen Zauber hat durch den romantischen Namen und den sanften, wenig raffinierten Geschmack der Unschuld, der sicher zwei verliebte Seelen bezaubert.

Wildes Wild für wüste Leute

Hasenfilet mit Selleriepüree

1 Sellerieknolle
Crème fraîche
Muskat
pro Wüstling ein Hasenfilet
Butter
Wacholder
Gin
Salz, Pfeffer

Die dolle Knolle hat immer schon den Ruf gehabt, die Manneskraft zu stärken. Wie Sellerie auf Frauen wirkt, ist in der Literatur nicht erwähnt. Aber die Frau ist ja vielleicht auch stimuliert, wenn der Mann wirklich scharf wird.

Die Knolle wird außen grob geschält, in dicke Stücke geschnitten und in gesalzenem Wasser gegart. Wenn sie weich ist, wird sie mit dem Mixer püriert und mit Salz, Pfeffer und ordentlich Muskat gewürzt und mit einem Schwung Crème fraîche geglättet. Dazu gibt es zur Verschärfung der Lust noch ein wildes Fleisch. Hasenfilet oder Rehfilet wird schnell in heißer Butter gewendet, gesalzen, gepfeffert und mit zerstoßenem Wacholder bestreut oder einem Schluck Gin begossen. Das wirkt bei Mann und Frau.

Wenn es noch stürmen soll

∽

Hurrikan

1 / 2 Glas gestoßenes Eis
Saft von 1 / 2 Limone
1 Schnapsglas Rose's Lime juice
1 Schnapsglas Ananassaft
1 Schnapsglas Orangensaft
1 / 2 Schnapsglas Maracujalikör
1 Schnapsglas weißer Rum
1 Schnapsglas brauner Rum

Alles gut zusammen durchschütteln, in Cocktailgläser füllen und mit einem Ananasstück dekorieren.

Dieser Cocktail wirbelt Sehnsüchte auf und fegt gefährlich ins Gemüt. Einer reicht.

Schicker Snack

∽

Gebratene Schneckenspieße

1 Dose Weinbergschnecken
Frühstücksspeck
Zahnstocher

Wickeln Sie die vorgekochten Schnecken, die keinen Deckel mehr haben sollen (das schwarze Ende ist auch schon abgeschnitten) in dünne Frühstücksspeckscheiben, und spießen

Sie sie auf Zahnstocher. Dann legen Sie sie in eine Pfanne und rösten sie gleichmäßig von allen Seiten bei gleichbleibender starker Hitze.

Dazu paßt ein warmes Baguette-Brot und eine Kräuterbutter mit wenig Knoblauch, aber viel Petersilie.

Zarte Verführung

∽

Paradiesfrüchte-Sorbet
mit Champagner

1 Mango
1 Papaya
Granatapfelsirup
Zitronensaft
3 Eßlöffel Zucker
1 Blatt Gelatine

Mangos und Papayas sind als Paradiesfrüchte bekannt und schmecken entsprechend himmlisch und verführerisch. Würfeln Sie das Fruchtfleisch, und lassen Sie es anschließend in etwas Zitronensaft und Grenadine (Granatapfelsirup) marinieren. Erhitzen Sie ein Glas Wasser (etwa 1/4 Liter) mit 3 Eßlöffeln Zucker und weichen Sie 1 Blatt Gelatine in kaltem Wasser ein. Wenn der Zucker gelöst ist, rühren Sie die geweichte Gelatine mit dem Schneebesen in das heiße Zuckerwasser. Pürieren Sie nun das Fruchtfleisch, und vermischen Sie es mit dem Zuckerwasser. Anschließend kommt das Püree in den Gefrierschrank. Nach ein paar Stunden sollten Sie es, bevor es ganz fest wird, umrühren und lockern. So wie es dann ist, bleibt es und kann zwei Tage in der tiefen Kälte aufbewahrt werden. Decken Sie es ab, damit es nicht irgendwelche Geschmacksverwirrungen erleidet. Wirkt bei beiden Geschlechtern, Hetero- und Homo-Konstellationen und kann bei großer Hitze auch aus dem Bauchnabel geschlürft werden. Wenn es distanzierter zugehen soll, wird ein gehäufter Eßlöffel Sorbet in ein großes Glas gegeben und mit Champagner aufgefüllt.

Erfrischung zum Vorspiel

Taboulé (Petersiliensalat)

2 Eßlöffel Couscousgrieß

2 Zitronen

1 Eßlöffel Olivenöl

2 Bund glattblättrige Petersilie

1 Bund oder 1 Topf Pfefferminze

2 Tomaten

Salz

Der Couscousgrieß wird mit dem Saft der beiden Zitronen und einem Eßlöffel Olivenöl befeuchtet. Die Petersilienblätter und Pfefferminzblätter von den Stengeln zupfen, kleinhacken und mit dem Grieß vermischen. Salzen. Die Tomaten werden kurz in kochendem Wasser gebrüht, damit man ihnen leicht die Haut abziehen kann. Dann werden sie aufgeschnitten, von Glibber und Kernen befreit und in kleine

Würfel geschnitten, die locker über den grünen Salat verteilt werden. Das ist eine rasante Erfrischung – und die Petersilie soll das Blut zum Köcheln bringen.

Tierisches Aphrodisiakum

∾

Tintenfischspieß

Ganze kleine Tintenfischchen oder 2 große Tinten-
*   fischsäcke*
1 Bund Petersilie
2 – 3 Knoblauchzehen
Olivenöl
1 Zitrone

Wenn Sie ganze Tintenfische bekommen, sieht der Spieß hübscher aus. Sonst zerschneiden Sie den Tintenfischsack in lange breite Streifen, die Sie auf einen Holzspieß fädeln. So werden sie gegrillt. Auf Holzkohle oder im Backofen. In der Zeit hacken Sie ein Bund Petersilienblätter und ein paar Knoblauchzehen sehr fein. Wenn die Spieße gar sind und braune Grillstreifen haben, beträufeln Sie sie schnell mit Olivenöl, salzen und pfeffern sie, besprenkeln sie noch heiß mit der Petersilien-Knoblauch-Mischung und spritzen reichlich Zitronensaft darüber. Sie können die Spieße auch sehr gut in einer gefetteten Grillpfanne zubereiten.

Tintenfisch gilt besonders in China als Aphrodisiakum und hat der Legende nach schon manches unschuldige Mädchen mannstoll gemacht.

Abendfüllende Nascherei

Westfälische Quarkspeise

150 g Pumpernickel
100 g bittere Schokolade
4–5 Eßlöffel Rum
1/2 Teelöffel gemahlener Zimt
1/2 Teelöffel gemahlener Ingwer
1/2 Teelöffel gemahlene Gewürznelken
500 g Quark
1/4 Liter Milch
100–150 g Zucker
1 Glas Preiselbeeren oder Schattenmorellen

Der Pumpernickel darf nicht zu feucht sein. Lassen Sie ihn ein paar Stunden lang ausgebreitet trocknen, dann können Sie ihn besser zwischen den Händen zerbröseln.

Vermischen Sie ihn mit etwas Zucker, tränken ihn mit dem Rum, geben die Gewürze dazu und reiben die Schokolade darüber. Vermischen Sie alles miteinander.

Den Quark rühren Sie mit der Milch oder mit Sahne glatt und süßen ihn gutschmeckig. Nun nehmen Sie eine Schüssel, am besten aus Glas, wegen des Anblicks, und füllen sie schichtweise mit dem Quark, den abgetropften Früchten und mit der würzigen Pumpernickelmasse. Die Speise sättigt und heizt ein und reicht als einzige Mahlzeit auch für den ganzen Abend.

Dazu kann eine Vanillesauce gereicht werden. Die gibt es zwar fertig zu kaufen, aber mit echter Vanille und der Magie der Tagträume bei der Zubereitung, kommt die erotische Botschaft der Süßspeise viel besser an.

Vanillesauce

1 Vanilleschote
1 / 4 Liter Milch
80 g Zucker
3 Eigelb
1 ganzes Ei

Schneiden Sie die Vanilleschote der Länge nach auf, kratzen Sie das Mark heraus, und bringen Sie die Milch mit Mark und Schote zum Kochen. Streuen Sie die Hälfte des Zuckers hinein, und fischen Sie die Schote wieder heraus. Nun schlagen Sie das Eigelb mit dem einen ganzen Ei und dem Rest Zucker in einer Schüssel schaumig, gießen die Milch dazu und halten die Schüssel über einen Topf mit siedendem Wasser. Schlagen Sie die Mischung mit einem Schneebesen, bis sie dick und cremig ist. Nehmen Sie sie aus der Hitze und schlagen Sie weiter, bis die Sauce abgekühlt ist. Sie können sie auch dafür in ein kaltes Wasserbad setzen. Die Vanillesauce schmeckt lauwarm und auch gut gekühlt.

Eilige binden die Vanillemilch mit Speisestärke, schlagen dann getrennt das Eigelb hinein und dann das steifgeschlagene Eiweiß.

Wie Sie sich Mut einverleiben und den Willen stärken

Wenn Sie fix und fertig sind, brauchen Sie einen Energiekick. Wenn Ihnen ein schwere Prüfung bevorsteht, brauchen Sie Konzentration und Vitalität. Wenn Ihnen jemand unrecht getan hat, kann ein wenig Aggression im Ausdruck Ihnen guttun.

Wollen Sie es heute irgend jemandem mal ordentlich geben? Mit unschlagbaren Argumenten und wachem Zorn im Blick? Dann befreien Sie sich aus Ihrem Schneckenhaus, und werfen Sie alle beengenden Hüllen von sich. Das ist der Tag, an dem die große Nudelportion fehl auf dem Teller ist. Da darf die Speise im Magen nicht zufrieden und satt machen. Sie brauchen etwas, das Sie ein wenig enthemmt, ein bißchen angriffslustig macht und Überlegenheit in Ihre Gesten legt.

Schlingen Sie 100 Gramm gut gewürztes Beefsteaktatar

auf einer Hälfte Vollkornbrötchen ohne Butter hinunter, oder fischen Sie einen Rollmops aus dem Glas. Würzen Sie einen Becher Joghurt mit Zitronensaft, zuckern ein klitzekleines bißchen, fügen noch Schnittlauch und Dill hinzu und gießen die Creme über einen halbierten Kopf Salat. Das ist für den kleinen Hunger zwischendurch die beste Wahl und steht Ihrer Tatkraft nicht im Wege.

Falls Sie den Energiekick von langer Hand und auch mit größerem Aufwand betreiben wollen, schüren Sie mit einem passenden Mahl ihren Kampfgeist und sorgen so für aufmerksame Konzentration. Das können Sie mit einem Steak und Salat schaffen, aber auch mit einer Erbsensuppe, falls Sie Vegetarier sind. Ob das auch für einen familiären Spieleabend oder den Fußball-WM-Fernsehabend angebracht ist, kommt auf das Temperament Ihrer Lieben an.

Auf jeden Fall ist so ein Essen richtig bei Erschöpfung und Enttäuschung, bei angestauter Wut und verhaltenem Frust. Es verhilft dazu, die Kräfte zu sammeln und sich auf das Wesentliche zu konzentrieren.

Auf einen Blick

Nahrungsmittel, die aktiv, wach und mutig machen:
Milch und Milchprodukte, am besten fettreduziert: Joghurt, Quark, Kefir, Buttermilch, Frischkäse, Weich- und Hartkäse. Fisch und Meeresfrüchte, Leber, Huhn, Puter, Wild, Kaninchen und anderes mageres Fleisch. Soja und Hülsenfrüchte zusammen mit Getreide sowie Keime, Samen, Nüsse, Eier, Sojabohnenquark.

*Gewürze, die die Konzentration unterstützen
und die Tatkraft stärken:*
Bohnenkraut, Chili, Peperoncini, Ingwer, Koriander,
Kümmel, Knoblauch, Muskatnuß, Paprika, Pfeffer,
Rosmarin, Safran, Salbei, Vanille, Zimt.

Anregende Getränke:
Kräutertees mit Honig: Hagebutte, Pfefferminze,
Melisse, Eisenkraut, Ingwer, Schwarzer Tee,
Kaffee, Kakao, Yogi-Tee, Guarana- und
Colagetränke, Frucht- und Gemüsesäfte,
Weißwein und Champagner.

Mutpfanne

✍

Frutti di mare mit Spinat

600 g Meeresfrüchte (tiefgefroren)
1 kg Spinat
250 g Tomaten
1 Zwiebel
2 Knoblauchzehen
50 g Mandelblättchen
1 Schnapsglas Weißwein oder etwas mehr
Pfeffer, Salz, Muskat, Zitrone
Butterfett

Der Spinat wird gewaschen und geputzt und kurz in gesalzenem, kochendem Wasser blanchiert, mit einer Schaumkelle herausgenommen und beiseite gestellt. Die Tomaten kommen ebenfalls in das kochende Wasser für 20–30 Sekunden, dann kann man sie leicht enthäuten. Sie werden geviertelt, dann nimmt man die Kerne heraus und hackt das reine Fruchtfleisch in grobe Stücke.

Zwiebeln und Knoblauch werden fein gehackt und mit den Mandelblättchen zusammen in einer Pfanne in Butterfett golden gebraten. Dann kommt der abgetropfte Spinat hinzu und das Gläschen Wein. Während das Gemüse bei sanfter Hitze ein wenig einkocht, werden die Meeresfrüchte in einer anderen Pfanne in heißem Butterfett in 3–4 Minuten gebraten. Mit Salz, Pfeffer und Muskatnuß würzen, Zitronensaft darüberträufeln und mit dem Spinat vermischen und anrichten. Die Tomatenwürfel werden locker darüber gestreut. Dazu schmeckt ein Baguette und ein Glas Weißwein.

Für einen klaren Kopf

ॐ

Ingwertee

Kochen Sie einen Topf voll Wasser, ungefähr 1/2 Liter, und schneiden Sie einen walnußgroßen Knubbel Ingwer in kleinen Stückchen hinein. Lassen Sie den Tee 5–8 Minuten ziehen, und trinken Sie ihn heiß und nur wenig gesüßt. Das macht munter, ohne aufzuregen.

Nerven-Cocktail

ॐ

Vitamingetränk

1 Becher Joghurt
1 Orange
1 Eßlöffel Bierhefe
1 Eßlöffel Weizenkeime
Honig nach Belieben

Schälen Sie die Orange, und geben Sie sie mit den anderen Zutaten zusammen in einen Mixer. Gut püriert, ist das ein starkes Aufbaugetränk.

Zur Wiederbelebung

☙

Ayran

1 Becher Joghurt
stilles Mineralwasser
Meersalz
1 Zweig frische Pfefferminze

Verquirlen Sie kaltes Wasser und kalten Joghurt zu gleichen
Teilen. Sie können auch Eisstückchen dazugeben. Würzen
Sie das Getränk mit Meersalz und, wenn Sie mögen, mit ge-
schnittenen, frischen Pfefferminzblättern. Das gibt Power.

Für einen forschen Schritt

☙

Leber mit Blattspinat, Schmand
und Pinienkernen

1 kg Blattspinat
pro Person 100 g Kalbsleber oder Geflügelleber
1 Becher Schmand
Muskat
20 g Pinienkerne

Rösten Sie ein Beutelchen Pinienkerne – trocken, ohne Fett
– in einer Pfanne goldbraun. Das geht sehr schnell, rühren
Sie sich nicht vom Herd fort. Setzen Sie einen Topf mit gesalzenem Wasser zum Kochen auf. Putzen Sie den Spinat,

und legen Sie ihn für wenige Minuten, bis er fast weich ist, in das kochende Wasser. Holen Sie ihn mit einem Sieb aus dem Wasser, und lassen Sie ihn abtropfen. Schneiden Sie die Leber in grobe Stücke, und braten Sie sie sehr schnell von beiden Seiten in ganz heißem Butterfett braun, wobei Sie noch salzen und pfeffern.

Nun legen Sie auf jeden Teller einen Spinatkranz, in dessen Mitte Sie einen dicken Klacks Schmand setzen. Reiben Sie einen Hauch Muskat darüber, und legen Sie ein paar Leberstücke rundum auf den Spinat. Die gerösteten Pinienkerne werden mit lockerer Hand über den Teller gestreut.

Für ungebremste Willenskraft

☙

Gebratener Saibling
mit Kartoffel-Vinaigrette und Linsen

1 1/2 Saiblingsfilets pro Person
250 g kleine grüne Linsen (für 4 Personen)
Muskat, Pfeffer, Salz, Rotwein
1–2 Frühlingszwiebeln
250 g festkochende Kartoffeln
1 Zwiebel
1 Knoblauchzehe
Olivenöl
Zitronensaft
Butterfett
1 Kressebeet

Linsengemüse

Zuerst werden die Linsen in kräftiger Hühnerbrühe, die Sie aus einer Paste oder mit einem Brühwürfel herstellen können, etwa 30 – 40 Minuten lang gekocht, bis sie ganz weich sind. Dann lassen Sie die Linsen abtropfen und würzen sie mit Salz, Pfeffer und Rotwein. Schneiden Sie eine Frühlingszwiebel in sehr feine Ringe, und mischen Sie die Ringe unter die Linsen.

Kartoffel-Vinaigrette

Die Kartoffeln werden in feine Würfel geschnitten und mit einer gehackten Zwiebel und dem gehackten Knoblauch in Olivenöl angedünstet und dann mit etwas Wasser oder Brühe (Hühnerbrühpaste) gelöscht und bißfest gekocht. Fischen Sie nun etwa die Hälfte der Kartoffelwürfel heraus, und legen Sie sie beiseite. Die Mischung im Topf wird mit dem Pürierstab fein püriert, dann kommen die Kartoffelstückchen wieder dazu. Nun wird gesalzen, gepfeffert und mit Muskat und Zitronensaft oder Weißweinessig gewürzt. Die Vinaigrette ist fertig und wird warmgehalten.

Gebratener Saibling

Die Saiblingfilets werden zunächst jeweils schräg in zwei Teile geschnitten, gesalzen, mit Zitrone beträufelt, und sobald die Vinaigrette fertig ist, schnell bei guter Hitze in Butterfett von beiden Seiten gebraten. Besonders die Hautseite muß knusprig werden und kommt als erstes in die Pfanne.

Vollendung:
Zuerst wird ein kleiner See Kartoffelvinaigrette auf den Teller gegossen. Darüber wird gleichmäßig eine gute Portion Kresse verteilt. Darauf liegen pro Person drei Stücke vom Saiblingfilet und rundherum in einem schmalen Ring die Linsen.

Macht munter und hält wach

Hähnchenschenkel mit Dickmilch

Pro Person 1 Hähnchenschenkel
1 Becher Dickmilch
4 Zehen Knoblauch
2 Knubbel Ingwer
Butterfett
Salz

Die Hähnchenschenkel werden in der Mitte beim Gelenk mit einem schweren Messer geteilt. Der Ingwer wird auf einer Reibe zu Brei gerieben und der Knoblauch durch die Knoblauchpresse gequetscht. Dann legt man die Hähnchenteile in eine Marinade, die aus Dickmilch, Ingwer und Knoblauch gerührt wird. Wenn sie nach ein paar Stunden weich und zart sind und genug von dem Aroma angenommen haben, tupft man sie mit Küchenpapier trocken, brät sie in heißem Butterfett von allen Seiten scharf an und schmort sie dann im vorgeheizten Ofen weiter, bis sie beim Anpicken mit einem Hölzchen nur noch farblosen Saft abgeben. In den letzten Minuten kann man etwas von der Marinade über die

Hähnchenteile streichen und etwas Salz darüberstreuen. Das ist zusammen mit einem kleinen Salat ein gutes Gericht für einen entschlossenen Menschen.

Aktivierende Speise

⚘

Lammfrikadellen pakistanische Art

500 g gehacktes Lammfleisch aus der Keule
125 g rote Linsen
2 Zwiebeln
1 Knubbel Ingwer
2 Knoblauchzehen
2 Eier
1 Becher Dickmilch
frischer Koriander
Chilipfeffer
Salz

Das Lammfleisch wird zusammen mit den Linsen und den gehackten Zwiebeln, dem feingeraspelten Ingwer und dem zerdrückten Knoblauch in 2 Tassen Wasser etwa 1/2 Stunde lang gekocht und gerührt, bis das Fleisch gar, die roten Linsen zerfallen und das Wasser ganz verdampft ist. Die Masse muß einigermaßen trocken sein. Nun geben Sie die Eier dazu und so viel Dickmilch, daß alles einen dicken Brei ergibt, der noch formbar ist. Mit viel frischem gehacktem Koriander, Chilipfeffer und Salz würzen, zu Frikadellen formen und in heißem Fett braten.

Dazu passen in Folie gegarte Kartoffeln mit Magerquark, der mit dem Rest Dickmilch geglättet, dann gesalzen und mit frischen Kräutern gewürzt wird. Oder ein Gartensalat.

Schon die Zubereitung braucht Mut

❧

Orientalischer Octopus

1 Polyp von etwa 800 g Gewicht

4 Zwiebeln

1/2 Glas Olivenöl

Gewürznelken

1 Knoblauchzehe

1 Teelöffel Zimt

1/2 Glas Weißwein

Pfeffer, Salz

Lassen Sie den Octopus vom Fischhändler säubern. Die Augen und der Kopf werden entfernt und die Tentakeln in Stücke geschnitten. Die Stücke werden in ungesalzenem Wasser in einem gut schließenden Topf 1–2 Stunden lang gekocht. Fragen Sie Ihren Fischhändler, weil der Erfahrung hat und weiß, wie seine Octopusse vorbehandelt sind. Auf jeden Fall muß er weich sein und sich leicht schneiden lassen. Danach schmort man die in Ringe geschnittenen Zwiebeln in Olivenöl an, gibt zwei, drei Gewürznelken, eine gepreßte Knoblauchzehe, einen Teelöffel Zimt und den Weißwein dazu, je nach Geschmack auch mehr. Dann folgt der Octopus, alles schmort noch ein Weilchen zusammen und wird am Ende gesalzen und gepfeffert. Dazu paßt Reis oder ein Stück Weißbrot und ein Glas Weißwein.

Octopus riecht merkwürdig beim Kochen, halten Sie deswegen den Topf gut geschlossen. Danach allerdings, bei der weiteren Zubereitung, duftet das Gericht anregend und vielversprechend und wird die Esser schon im voraus neugierig machen.

Angsthasenschmaus

✥

Beefsteaktatar

125 g Beefsteakhack
Kapern im Glas
1 kleine Zwiebel
Salz und Pfeffer
1 rohes Eigelb

Schneiden Sie die Zwiebel und die Kapern sehr klein und fein, und vermischen Sie beide Zutaten mit dem Hack. Pfeffern und salzen Sie die Masse, und formen Sie sie zu einem kleinen Berg auf dem Teller. In den Gipfel drücken Sie einen Krater, in den Sie das rohe Eigelb hineingleiten lassen. Dazu gibt es einen Pop-up-Drink (siehe S. 94) und ein Vollkornbrötchen.

Sauer macht lustig

Scharfes Kaninchenfleisch
in Zitronensauce

500 g Kaninchenfleisch aus dem Rücken
1 Teelöffel geriebener frischer Ingwer
Chilipulver
2 Teelöffel Maizena
2 Teelöffel japanische Sojasauce
1 Eßlöffel Sherry
200 ml Hühnerbrühe (Paste oder Würfel)
2–3 Eßlöffel Zitronensaft
6 Teelöffel Zucker
Salz
Sesamsamen

Das Fleisch wird vom Knochen gelöst und in fingerdicke
Streifen geschnitten. Reiben Sie das Fleisch mit frisch geras-
peltem Ingwer ein, salzen Sie es und streuen Chili darüber.
So kommt das Fleisch in den Kühlschrank, wo es 1/2 Stun-
de lang mariniert. In der Zwischenzeit verrühren Sie das
Maizena mit der Sojasauce, dem Sherry, der Hühnerbrühe,
dem Zitronensaft und dem Zucker zu einer glatten Sauce, die
Sie in einer Pfanne erhitzen und 1 Minute lang kochen las-
sen. Wenn sie zu dick wird, fügen Sie noch ein Löffelchen
Wasser hinzu.

Nun werden die Fleischstreifen schnell in heißem Öl gebraten, bis sie eine goldbraune Farbe bekommen haben, dann
kurz abgetropft und in die heiße Zitronensauce gegeben.

Dazu gibt es gekochten Reis oder Spaghetti. Es passen auch Gemüse wie Frühlingszwiebeln und Erbsenschoten, Zucchini und Brokkoli dazu, die in Öl und Sojasauce geschmort werden. Streuen Sie zur Abrundung eine Handvoll Sesamsamen darüber.

Immer guten Mutes

Rotbarbe, in Reispapier gebacken, mit Sprossensalat

Pro Person 2 Rotbarbenfilets
Reispapier aus dem Asia-Shop
Zitronensaft
Dill
Butterfett
1 Kopfsalat
Alfalfa und Senfsprossen oder andere Keimlinge
Kürbiskernöl
Balsamessig
Kürbiskerne
Salz, Pfeffer

Die Rotbarbenfilets werden gesalzen und mit Zitronensaft beträufelt. Nun nimmt man für jedes Filet ein Reispapier und feuchtet es mit einem Tuch an. Wenn es weich und biegsam ist, wird das Filet darin eingewickelt wie ein kleines Paket, wobei man ihm noch ein Zweiglein Dill auf die rote Haut legen kann, das scheint dann sehr hübsch durch das Papier hindurch. Die Päckchen werden in nicht zu heißem Butterfett von allen Seiten kurz gebraten. Sie werden sehr schnell knusprig und goldbraun.

Der Salat ist hoffentlich schon fertig. Die Keimlinge liegen als Häufchen auf den grünen Salatblättern. Die Marinade besteht aus dem dunklen aromatischen Kürbiskernöl mit Balsamessig, Salz und Pfeffer und wird über die Sprossen und die Salatblätter gegossen. Obendrauf kommen ein paar grüne Kürbiskerne.

Pop-up-Drink

❧

Gazpacho im Glas

Ein 10 cm langes Stück Salatgurke
1 Tomate
1 rote Paprika
1 Knoblauchzehe
Tomatensaft
Zitronensaft
Salz, Pfeffer

Geben Sie das Gemüse in einen Mixer, und pürieren Sie es. Der Drink wird mit Zitronensaft, mit Salz und viel Pfeffer gewürzt und mit Tomatensaft aufgefüllt.

Für wilde Gesellen

☙

Marinierte malaiische Grillspieße

750 g Rumpsteak
1 große geriebene Zwiebel
abgeriebene Schale einer Zitrone
1 Teelöffel Kurkuma
1 Teelöffel zerstoßener Kreuzkümmel
1 Teelöffel zerstoßene Fenchelsamen
1 Teelöffel Salz
1 Teelöffel brauner Zucker
1 Eßlöffel Sojasauce
1 Täßchen Kokosmilch aus der Dose

Das Fleisch wird in fingerdicke Streifen geschnitten und in der Marinade aus allen übrigen Zutaten durchgeknetet. Dann werden die Fleischstücke auf Holzspieße flach aufgefädelt. So brät das Fleisch schneller durch, als wenn man es in Würfeln aufstecken würde. Die Spieße werden in eine Schüssel gelegt und mit der restlichen Marinade übergossen. Sie können über Nacht und noch länger im Kühlschrank ziehen. Dann werden sie auf den geölten Backofenrost gelegt und gegrillt, wobei man sie noch mit der Marinade einpinseln kann. Die Spieße kann man aus Rindfleisch oder Schweinefleisch machen. Rindfleisch ist aber magerer und deshalb für die Wachheit der Gesellen besser geeignet.

Dazu gibt es gewärmtes Brot oder mit Kurkuma gefärbten Reis und Ananas-Chutney.

Ananas-Chutney

1 kleine oder 1/2 große, reife Ananas oder 1 Dose
Ananasstücke
1 Frühlingszwiebel
2 Eßlöffel Weißweinessig
frischer Ingwer
Chilipulver
Zucker
Salz
50 g Erdnüsse

Die Ananas wird geschält und vom inneren harten Strunk befreit. Das Fleisch wird in Stücke geschnitten. Oder Sie nehmen Ananas aus der Dose. Nun pürieren Sie die Hälfte des Fruchtfleisches zusammen mit dem weißen Teil der gehackten Frühlingszwiebel und kochen alles zusammen mit 2 Eßlöffeln Weißweinessig, einem Knubbel geriebenem Ingwer und etwas Chilipulver ein. Eventuell müssen Sie noch nachzuckern oder -salzen. Dann lassen Sie die restlichen großen Fruchtstücke ein Weilchen mitschmoren. Eine Handvoll Erdnüsse wird mit einem Messer gehackt und zusammen mit den grünen Zwiebelstückchen über das Chutney gestreut.

Macht wach und aufmerksam

က

Asiatischer Hühnersalat mit Reisnudeln

2 ganze gegrillte oder gekochte Hähnchenbrüste ohne
   Haut
jeweils 150 g Karotten und Chinakohl, in lange
   dünne Stifte geschnitten
4–6 Stangen Staudensellerie
2 Frühlingszwiebeln, in kleine Röllchen geschnitten
1 Bund frischer Koriander
1 Bund frische Pfefferminze
1 Paket (100 g) Reisnudeln

Für die Marinade:
2 Eßlöffel Zucker
1 Eßlöffel Wasser
1 gepreßte Knoblauchzehe
2 Eßlöffel Weißweinessig
1 kleines Stück von einer roten Pfefferschote, gehackt

Knuspergarnitur:
Erdnußöl
1 Handvoll gehackte ungesalzene Erdnüsse
3 Eßlöffel Zucker
1 Knoblauchzehe

Das Hähnchenfleisch wird in dünne Streifen geschnitten,
ebenso der Sellerie, die Karotten und der Chinakohl. Alles
wird nun zusammen mit der Frühlingszwiebel, den Koriander-

und den Pfefferminzblättchen in einer Schüssel vermischt. Die Nudeln kocht man in kochendem Wasser in 2 – 5 Minuten gar, läßt sie abkühlen und gibt sie zu den anderen Zutaten.

Das Dressing wird mit einem Schneebesen gerührt, bis sich der Zucker ganz aufgelöst hat. Dann gießt man es über den Salat.

Nun erwärmt man etwas Erdnußöl in einer Pfanne und brät die Erdnüsse mit Zucker schnell goldbraun. Zum Schluß den gepreßten Knoblauch darunterrühren und alles abkühlen lassen. Vor dem Servieren wird der Salat damit besprenkelt.

Für Gelassenheit und Tatkraft

Gebratener Fisch-Reis

2 Eier

2 1/2 Eßlöffel Sojasauce

2 Karotten, in Stäbchen geschnitten

100 g Champignons, in Scheiben

200 g gewürfeltes Fischfilet

100 g kleine gekochte Garnelen

1 Bund Frühlingszwiebeln, in Ringe geschnitten

2 Handvoll tiefgekühlte Erbsen

1 Schnapsglas Sherry

500 g gekochter Reis

2 Eßlöffel Erdnußöl

Cayennepfeffer oder 1 cm von einer getrockneten
    Pfefferschote

Zunächst werden die Eier verquirlt, mit einem Spritzer Sojasauce gewürzt und dann in wenig Öl in der Pfanne verteilt
und ohne zu rühren zu einem flachen Eierfladen gebraten.
Dieser Fladen wird zerzupft und beiseite gestellt. Dann braten Sie in Öl zuerst die Karotten und die Champignons an,
fügen den Fisch und die Garnelen hinzu, dann die Zwiebeln
und die Erbsen – nichts braucht ganz gar zu werden, außer
dem Fisch, und das geht sehr schnell. Dann würzen Sie mit
2 Eßlöffeln Sojasauce und Sherry und dem zerbröselten Pfef-
ferschotenstück und füllen den Reis in die Pfanne. Mengen
Sie nun auch die Eierstücke unter den Reis. Jetzt dauert es
nur noch ungefähr drei Minuten, bis alles erhitzt ist.

Macht eine Person munter

❧

Omelett mit Garnelen und Avocado

125 g gekochte, geschälte Garnelen, grob gehackt
Salz, Pfeffer
frischer Koriander, gehackt
2 Eier
1 / 2 Avocado, in Würfel geschnitten
1 Eßlöffel Butter
Dill

Geben Sie 1 Eßlöffel Butter in eine Pfanne (eine beschichte-
te ist dafür am besten geeignet), und lassen Sie sie heiß, aber
nicht braun werden. Vermischen Sie die Gewürze, die Garnelen und die Eier in einem Schüsselchen, geben Sie die Avo-

cadostücke dazu, und gießen Sie die Masse mit einem Schwung in die heiße Butter. Rühren Sie die Masse vom Rand nach innen, damit sich die Flüssigkeit verteilt, und lassen Sie das Rührei dann eine halbe Minute auf der Unterseite bräunen. Legen Sie nun einen großen Deckel auf die Pfanne, stülpen Sie die Pfanne um und lassen das gewendete Omelett wieder zurückgleiten, wo es eine weitere halbe Minute auf der anderen Seite bräunen kann. Streuen Sie ein wenig Dill darüber und servieren Sie.

Rüttelt richtig auf

❧

Gedämpfter Löwenzahnsalat
mit Kalbsleber

1 Büschel Riesenlöwenzahn aus Italien
3 Tomaten
Olivenöl
Zitronensaft
Kalbsleberscheiben
Butter
Salz, Pfeffer

Waschen, putzen und zerschneiden Sie das Büschel, das etwa einen halben Meter lang ist, und blanchieren Sie es etwa vier Minuten in kochendem Wasser. Die Tomaten werden nur ein paar Sekunden blanchiert, damit man ihnen leicht die Haut abziehen kann. Entkernen und zerstückeln Sie das Tomatenfleisch, und vermischen Sie es mit dem weichgekochten Löwenzahn. Nun wird das Gemüse nur noch mit Öl und Zitrone beträufelt, gesalzen und gepfeffert. Dieses vitamin- und mineralstoffreiche Gemüse schmeckt herb und sogar etwas bitter und paßt vorzüglich zu einer leicht süßlichen Kalbsleberscheibe, die in Butter gebraten und nur gepfeffert und gesalzen wird.

Für Draufgänger ein spanischer Wuttopf

∽

Cocido

250 g Kichererbsen

3 Möhren

1 rote, 1 grüne Paprikaschote

3 Tomaten

6 Knoblauchzehen

Olivenöl

Schinkenknochen oder Lammknochen

500 g Kartoffeln

Chorizo, eine spanische, sehr scharfe Wurst aus
*   Schweinefleischstücken*

Pfeffer (am besten spanischen Pimenton, der hat
*   einen besonderen Geschmack)*

Salz

Die Kichererbsen werden über Nacht eingeweicht, am nächsten Morgen 10 Minuten lang in Salzwasser gekocht, abgegossen und dann für den Eintopf verwendet. Möhren, Paprikaschoten, Tomaten putzen und kleinschneiden.

Zuerst kommen die Kichererbsen in den Topf mit 6 gehackten Knoblauchzehen, den Schinkenknochen, 1 Liter Wasser und etwas Olivenöl und kochen eine Stunde lang. Dann kommen die Kartoffeln hinzu und das andere geschnittene Gemüse. Wenn die Kartoffeln weich sind, geben Sie die Würste, in Scheiben geschnitten, dazu. Fischen Sie einige Kartoffelstücke aus dem Topf. Wenn Sie sie stampfen und wieder zu dem Eintopf geben, wird die Flüssigkeit etwas gebunden. Das schmeckt einfach besser. Würzen Sie mit Salz nach. Und mit Pfeffer, falls das überhaupt noch nötig ist. Die Wurst wird gut einheizen.

Fisch für eine aufgeweckte Gesellschaft

ॐ

Thunfisch
mit Fenchelgemüse

Pro Person je ein 2 cm dickes Thunfischsteak

1 Möhre

1 Zwiebel

1 Knoblauchzehe

3 Sardellenfilets

Olivenöl

4 mittelgroße Fenchelknollen, in Scheiben geschnitten

Petersilie, gehackt

1 Lorbeerblatt

trockener Wermut

Zitronensaft

Kalbsfond
Anislikör
Salz, Pfeffer

Hacken Sie Möhre, Zwiebel, Knoblauch und die Sardellen recht klein, und braten Sie zunächst Möhre und Zwiebel in Olivenöl in einem großen, flachen Schmortopf an, dann fügen Sie Knoblauch und Sardellen hinzu. Lassen Sie die Masse eine Minute schmoren, und geben Sie dann den geputzten und hochkant in Scheiben geschnittenen Fenchel dazu. Ein Eßlöffel gehackte Petersilie und ein Lorbeerblatt folgen und dann noch etwa 4 Eßlöffel trockener Wermut. Nach etwa 5–8 Minuten ist der Fenchel weich. Die Thunfischsteaks werden auf beiden Seiten gesalzen, gepfeffert, mit Zitrone beträufelt und auf das Fenchelgemüse gebettet. Dann begießt man sie mit 1 Tasse Kalbsfond, legt einen Deckel auf den Topf und läßt den Fisch 5 Minuten in Ruhe köcheln. Dann wendet man ihn und läßt ihn weitere 5 Minuten garen. Zum Schluß, wenn der Fisch sich leicht zerpflücken läßt, gießen Sie noch einen Schuß Anislikör über den Fisch und stellen den Topf auf den Tisch.

Mit italienischem Weißbrot servieren.

Für schwerelose Kraft

❧

Kaninchen mit Knoblauchsabayon

4 Kaninchenkeulen
16 Knoblauchzehen
Thymian, getrocknet
150 g durchwachsener Speck, gewürfelt
Olivenöl
Weißwein
3 Eigelb
200 ml Schlagsahne
Salz, Pfeffer

Zerdrücken Sie 6 Knoblauchzehen, vermischen Sie sie mit Salz, Pfeffer und Thymian, reiben Sie damit die Kaninchenteile ein. Lassen Sie das Fleisch im Kühlschrank ein paar Stunden lang den köstlichen Duft annehmen. Braten Sie nun die Fleischstücke mit den Speckwürfeln und Olivenöl in einem Schmortopf an, lassen das Kaninchenfleisch von allen Seiten goldbraun werden, und löschen Sie den Bratensatz von Zeit zu Zeit mit wenig Weißwein oder Wasser. Pellen Sie nun 10 weitere Knoblauchzehen, und blanchieren Sie sie in kochendem Wasser für 10 Minuten. Pürieren Sie die Zehen, und fügen Sie 3 Eigelbe und die Schlagsahne hinzu. Erst wenn das Fleisch gar ist, schlagen Sie die Sauce über einem Wasserbad mit einem Schneebesen zu einer luftigen, duftenden Sabayon. Legen Sie die geschmorten Kaninchenteile auf eine Platte, gießen Sie die Knoblauchsauce darüber, und servieren Sie ein warmes Baguettebrot dazu.

Wie Sie Unlust und Trauer hinunterschlucken

Wenn Ihr Schatz Sie im Stich gelassen hat, hilft dagegen nichts, schon gar nicht, wenn Sie sich wütend und traurig den Bauch vollschlagen. Das macht nur dick und verschlechtert die Chancen auf ein neues lustiges Liebesleben.

Auch bringt einen die Vertilgung eines Doppelwhoppers nicht in die angenehme Lage, einen doppelseitigen Bänderriß schmerzfrei auf dem Balkon genießen zu können. Das wäre wahrlich zu kurz gedacht. Das Zusammenspiel von Nahrung und Stoffwechsel und der mittelbare und unmittelbare Einfluß von Essen aufs Gemüt ist sehr komplex, aber nachvollziehbar. Und so sollte es uns gelingen, zumindest solche Nahrungsmittel auszuwählen, die für eine bestimmte Spannungs- und Stimmungslage mit verantwortlich sind.

Bei Kopfschmerzen zum Beispiel, die auf Spannung, Überarbeitung und Übermüdung zurückzuführen sind, bei lähmenden Gefühlen, die durch Trauer oder Herzeleid hervorgerufen werden, bei schlechter Laune und sonstwie mieser Verfassung helfen Kohlehydrate und Fett. Kohlehydrate werden immer bevorzugt, wenn es um Ausgleich und Entspannung, um Stabilisierung und spannungsfreie Geselligkeit geht, wenn die Laune verbesserungswürdig ist und ein mildes Lächeln dem aggressiven Alltag entgegengesetzt werden soll. Die simple Nudel gibt da den gewissen Kick und sendet gute Botschaften an das Gehirn.

Günstig wird die Lage, wenn auch noch kulinarisch an die ausreichende Ausschüttung von Endorphinen gedacht wird. Feine Fette sind dabei behilflich.

Zu einem tröstenden, beruhigenden und beglückenden Mahl gehört natürlich immer auch ein Salat mit Vitaminen und Mineralstoffen, damit Sie vor Glück und guter Gesinnung nicht einschlafen.

Auf einen Blick

Nahrungsmittel, die Schmerzen und Leid lindern,
trösten und entspannen:

Fette sind nicht nur schlecht und machen dick. Fette sind auch gut fürs Gehirn und die Nerven, sie unterstützen die Produktion von selig machenden Endorphinen und haben deshalb als brainfood Anerkennung verdient. Allerdings ist der Unterschied groß zwischen den guten, also ungesättigten und essentiellen Fettsäuren und den schlechten, den gesättigten Fettsäuren.

Feinste Fette finden Sie in kaltgepreßten pflanzlichen Ölen, in Nüssen und Samen, in fetten Fischen wie Lachs, Makrele, Hering und Heilbutt.

Weniger wertvolle Fette sind Öle zum Fritieren, die stark erhitzt werden können, Butter und Margarine, Sahne, Schmalz von Gans und Schwein. Diese Fette sollten Sie sehr sparsam verwenden, denn der Körper braucht davon kaum etwas, und was er nicht braucht, bewahrt er auf den Hüften auf für Notzeiten, wenn es nichts Besseres gibt.

Wählen Sie also die guten Fette und kohlehydratreiche Nahrungsmittel für entspannte und zufriedene Stunden. Wenn Sie wach und gutgelaunt sein wollen, erhöhen Sie den Proteinanteil der Mahlzeit und halten sich beim Fettanteil ein wenig zurück. Für mehr Gelassenheit und Energie wählen Sie vorwiegend komplexe Kohlehydrate, wenig Fett und wenig Protein.

Gewürze, die bei Übermüdung und Überanstrengung
wieder auf die Beine helfen:
Basilikum, Bohnenkraut, Johanniskraut, Koriander,
Kümmel, Knoblauch, Pfefferminze, Melisse, Nelken,
Petersilie, Rosmarin, Salbei, Thymian, Vanille,
Zimt, Zwiebeln.

Muntermachende Getränke:
Kräutertees mit Honig: Hagebutte, Melisse,
Lindenblüte, Pfefferminze.
Fettarme Milchgetränke, Obst- und Gemüsesäfte.

Für zufriedene Mienen

Rote Knöpfle
mit Auberginenragout

Knöpfleteig
4 Eier
Salz, Pfeffer
Muskat
1 kleine Dose Tomatenmark
400 g Mehl
Butter

Auberginenragout
1 Aubergine
1 kleine Dose gehackte Pizza-Tomaten
1 Knoblauchzehe
1 Zwiebel
getrockneter Thymian und Rosmarin
glatte Petersilie
Pfeffer, Salz
Zitronensaft
Olivenöl
Walnußkerne
Schafskäse

Geben Sie Eier, Gewürze, Mehl und 1 Döschen Tomatenmark, 1/2 Teelöffel Salz, Pfeffer, Muskat und 1/4 Liter Wasser in eine Schüssel, und verrühren Sie alles zu einem glatten Teig, der etwas flüssig ist. Bringen Sie einen großen Topf

Salzwasser zum Kochen, und geben Sie den Teig portionsweise in ein Durchschlagsieb aus Plastik mit großen Löchern.
Mit einem Teigschaber oder einem Löffel können Sie den
Teig nun durch die Löcher drücken. Sie plumpsen als kleine
Knöpfle in das heiße Wasser und kommen schon nach kurzer Zeit wieder gar an die Oberfläche. Wenn das zu schwer
geht, weil der Teig zu fest ist, rühren Sie noch 1 Eßlöffel Wasser mehr daran. Nehmen Sie die Knöpfle mit einer Schaumkelle aus dem heißen Wasser, und befördern Sie sie dann in
eine Schüssel mit kaltem Wasser. Wenn alle Knöpfle fertig
sind, lassen Sie sie in einem Sieb abtropfen.

Auberginenragout

Die Aubergine wird vom Stielansatz befreit, in Würfel
geschnitten und in heißem Öl gebraten. Tomaten, gehackter
Knoblauch, die gehackte Zwiebel und Kräuter, soviel Sie
mögen, kommen dazu. Nun soll das Ragout ein paar Minuten köcheln. Mit Salz, Pfeffer und Zitronensaft wird gewürzt.

Die Knöpfle werden in einer Pfanne in Butter erhitzt und
mit dem Ragout serviert. Über das Ragout geben Sie am
Schluß noch je eine Handvoll grob gehackter Walnußkerne
und etwas zerbröselten Schafskäse.

Glättet die Wogen

‹◊›

Käsespätzle mit Röstzwiebeln

5 – 6 Eier
500 g Mehl
Salz
Muskat
200 g oder mehr Emmentaler oder Appenzeller Käse
250 g oder mehr Zwiebeln
Butter

Verrühren Sie die ganzen Eier mit dem Mehl, 1/2 Teelöffel Salz und Muskat zu einem glatten Teig, der fertig ist, wenn er beginnt, Blasen zu schlagen. Bringen Sie einen geräumigen Topf mit gesalzenem Wasser zum Kochen, und stellen Sie eine Schüssel mit kaltem, gesalzenem Wasser daneben.

Nun geben Sie einen Löffel voll Teig auf ein Holzbrett, das Sie dicht über die brodelnde Oberfläche halten. Tauchen Sie ein Messer mit einer großen Schneide, am besten eine lange Palette oder einen Spätzlehobel, mehrmals in das Wasser, und streichen Sie den Teig schön flach. Dann schaben Sie dünne Streifen des Teiges ins heiße Wasser. Die Spätzle sinken auf den Grund und kommen nach kurzer Zeit wieder an die Oberfläche. Dann schöpfen Sie sie mit einer Schöpfkelle heraus und geben sie ins kalte Wasser. Wenn alle Spätzle im kalten Wasser sind, gießen Sie sie in ein Durchschlagsieb, und anschließend bewahren Sie sie in einer Schüssel auf. Wenn Sie 2 Eßlöffel Öl daruntermischen, halten sich die Spätzle ein bis zwei Tage lang im Kühlschrank.

Für die Käsespätzle werden die gargekochten Spätzle nun abwechselnd mit einer Schicht geriebenem Emmentaler oder einem pikanteren Käse in eine Auflaufform geschichtet. Dann schiebt man sie in die Backröhre, wo die Spätzle etwa 1/2 Stunde lang erhitzt werden, bis sich der Käse auflöst und die Oberfläche eine hübsche goldgelbe Farbe angenommen hat. Zum Schluß gibt man Zwiebelringe darüber, die währenddessen in einer Pfanne mit viel Butter goldbraun geröstet wurden.

Dazu paßt ein grüner, mit vielen Kräutern gewürzter Salat mit einem Joghurt-Zitrone-Zucker-Dressing.

Tröstesuppe

~

Gemüse-Creme

3 Möhren

2 große Kartoffeln

1/2 Becher Joghurt

100 ml Schlagsahne

Muskat, Pfeffer, Salz

Zitronensaft

Petersilie oder Korianderblätter

Schälen Sie das Gemüse, schneiden Sie es in Stücke und kochen es in gesalzenem Wasser. Wenn alles weich ist, halten Sie den Zauberstab in den Topf und pürieren das Gemüse im Kochwasser. Joghurt und Sahne glätten die Suppe und machen sie reichhaltiger. Muskat, Pfeffer und Salz dürfen

nicht fehlen, einige Spritzer Zitrone bringen frischen Geschmack, und frische Korianderblätter oder Petersilie ver-
edeln die Suppe.

Labsal für einen erschöpften Büromenschen

୶

Spätzle mit Pilzragout

Spätzle, fertig aus dem Regal oder selbstgemacht
nach Anleitung auf Seite 111
Butter
500 g rosa Champignons und Austernpilze
1 große Zwiebel
1 Knoblauchzehe
200 ml Schlagsahne
Weißwein
1 Bund Petersilie
Butterfett
Salz, Pfeffer

Die Spätzle werden nach Anleitung gekocht, dann abgegossen und in heißer Butter goldbraun gebraten. Dazu gibt es
Pilzragout
Erhitzen Sie die kleingeschnittene Zwiebel und eine gehackte Knoblauchzehe in heißem Butterfett. Geben Sie
dann die geputzten zerkleinerten Pilze dazu. Wenn sie gut
gebräunt und fast gar sind, kommen ein Becher Schlagsahne
und 2 Eßlöffel Weißwein dazu. Salzen und pfeffern und etwas einkochen lassen. Das Ragout wird mit geschnittener

Petersilie bestreut und zu den goldbraunen Butterspätzle gereicht.

Besänftigend und erwärmend

∽

Kräuter-Knoblauchsuppe
mit Croutons

1 / 2 Liter Geflügelbrühe (aus dem Glas oder Paste)
40 Knoblauchzehen, jaja
1 Tasse gehackte, ganz frische Gewürze: Rosmarin,
  Thymian, Majoran, Salbei oder eine andere
  Mischung
200 ml Schlagsahne
Toastbrot, Olivenöl
2 Tassen frisch geraspelter Parmesan oder Gruyère
  oder anderer Käse
ganze Kräuterblättchen zum Garnieren
Salz, Pfeffer

Geben Sie die Brühe, die geschälten Knoblauchzehen und die gehackten Gewürze in einen Topf, und lassen Sie alles bei sanfter Hitze 20 Minuten lang köcheln, bis der Knoblauch ganz weich geworden ist. Rühren Sie dann die ganze Suppe durch ein Sieb, und pressen Sie dabei die Kräuter und den Knofel gut aus. Oder pürieren Sie alles mit dem Schneidestab. Rühren Sie nun die Schlagsahne hinein, und erhitzen Sie das Süppchen wieder. Es darf jetzt aber nicht mehr kochen. Mit Salz und Pfeffer abschmecken. Schneiden Sie die

Toastbrotscheiben in Würfel, besprenkeln Sie sie mit Olivenöl, und braten Sie sie in einer Pfanne goldbraun. Füllen
Sie die duftende Knofelsuppe in tiefe Teller, lassen Sie ein
paar geröstete Brotwürfel obenauf schwimmen und bestreu-
en alles mit geriebenem Käse und Kräutern.

Erhebender Schmaus

❦

Bechamelkartoffeln mit Austernpilzen und Basilikum

800 g festkochende Kartoffeln
200 g Schalotten
1 Handvoll Würfelchen von durchwachsenem Speck
2 Eßlöffel Sonnenblumenöl
1 Eßlöffel Mehl
1 Glas Kalbsfond oder 400 ml Brühe (Würfel oder
   Paste)
200 ml Schlagsahne
250 g Austernpilze oder Champignons oder beides
Muskat
Salz, Pfeffer
1 Bund Basilikumblätter

Braten Sie die Speckwürfel in Öl an, nehmen Sie sie dann mit
einer Schaumkelle heraus und legen sie auf Küchenkrepp.
Schälen und würfeln Sie die Kartoffeln und die Schalotten
und braten Sie beides in dem Speckfett an. Dann bestäuben
Sie alles mit Mehl und wenden es kurz hin und her. Nun kom-

men die Brühe und zwei Drittel der Schlagsahne auf einen Schwung dazu, wobei kräftig gerührt und aufgekocht wird. Salzen und pfeffern und ein Viertelstündchen auf kleiner Flamme kochen. Ab und zu umrühren. Nun die Pilze putzen und grob zerteilen. Sie werden in Öl ein paar Minuten kräftig von allen Seiten angebraten und mit Pfeffer, Salz und Muskat gewürzt. Dann geben Sie die restliche Sahne zu den Kartoffeln, heben die Pilze und die Speckwürfel darunter und bestreuen alles üppig mit zerrupften Basilikumblättern. Die euphorisierende Wirkung dieses Mahls wird noch vom Basilikum unterstützt, das auch Königskraut genannt wird.

Warmer Mantel für die Seele

Gratinierte Beeren

Tiefgekühltes Beerenobst für 4 Personen
200 g Quark
Saft von 1 Limone und die abgeriebene Schale
2 Eigelb
2 steifgeschlagene Eiweiß
Zucker

Das Beerenobst wird aufgetaut und in vier Portionsschalen gefüllt. Zucker zum Süßen ist wohl nötig. Nun verrühren Sie den Quark mit 2 Eigelb und dem Saft und der Schale der Limone und schmecken mit Zucker ab. 2 steifgeschlagene Eiweiße werden zum Schluß daruntergehoben. Bedecken Sie nun die Beeren üppig mit dem dicken Quark, und schieben

Sie alles unter den glühenden Backofengrill, wo die Gratiniersauce bald leckere braune Spitzen bekommt.

Sommerwärme fürs Gemüt

෬

Überbackene Polentaschnitten
mit Peperonata

1 kg gelbe und rote Paprika

2–3 Eßlöffel Olivenöl

1 Bund glatte Petersilie

2–3 Knoblauchzehen

200 g Polenta (grober Maisgrieß)

1 Liter Hühnerbrühe (Würfel oder Paste)

1 Eßlöffel Butter

100 g grob geraffelter Käse

Salz, Pfeffer

Die Paprikaschoten werden unter den Grill im Backofen geschoben und dort von allen Seiten gegrillt. Dann wirft man sie in eine große Schüssel mit kaltem Wasser und beschwert sie, damit sie bedeckt sind. Nach einer Weile kann man ihnen die verbrannte Haut leicht abziehen. Nun rupft man auch den Stiel mit den daranhängenden Innereien und den Kernen heraus, spült die Schoten, ohne allzuviel vom Wasser ins Innere dringen zu lassen, und legt sie auf ein Küchentuch zum Abtropfen. Sie werden geviertelt, in eine Schüssel gelegt, gepfeffert und gesalzen und mit Olivenöl begossen, mit kleingehacktem Knoblauch und gehackter Petersilie bestreut.

Kochen Sie nun die Brühe auf und rühren Sie die Polenta mit dem Schneebesen hinein. Lassen Sie sie bei kleinster Hitze 20 Minuten lang ausquellen und geben dann Butter und die Hälfte des geriebenen Käses hinein. Eventuell nachsalzen. Füllen Sie die heiße Polenta in eine Schüssel, bestreuen Sie sie mit dem restlichen Käse und servieren dazu die zimmerwarme Peperonata.

Tröstende Wonne für Süßschnäbel

Topfenpalatschinken

Für 4 Pfannkuchen:
4 Eßlöffel Mehl
8 Eßlöffel Milch
4 Eier
1 Prise Salz
Butterfett

Alles kräftig miteinander verrühren und dann in erhitztem Butterfett 4 Pfannkuchen backen.

Für die Gratinsauce:
200 g saure Sahne
1–2 Eigelb
Puderzucker

Alles mit dem Schneebesen durcheinanderwirbeln.

Für die Füllung:
500 g Quark
Vanille
Saft einer Zitrone
Zucker
frische oder konservierte Aprikosen

Der Quark wird kräftig und gutschmeckig gewürzt und gezuckert.

Legen Sie auf jeden Teller einen Pfannkuchen. Auf jeden Pfannkuchen kommt ein großer Klacks der Quarkmasse. Der Pfannkuchen wird einmal um den Quark geschlagen und an den Enden mit den Handkanten ein wenig geknifft. Eine kleine Kelle voll Gratinsauce darübergleiten lassen und den Teller unter den Backofengrill schieben, bis die Sauce braune Blasen bildet. Das geschieht nach etwa 10 Minuten. In der Zwischenzeit kann man mit dem Zauberstab die Aprikosen pürieren. Oder Sie nehmen ein anderes frisches Obst. Neben die Pfannkuchenrolle kommt ein Eßlöffel voll Fruchtmus. Zum Schluß wird alles mit Puderzucker überpudert.

Die Mitte finden

Rotes Linsenpüree
mit Koriander

3 Zwiebeln
1 rote Pfefferschote
400 g rote Linsen
Butterfett
1 / 2 Liter Gemüsebrühe
gemahlener Koriander
1 Becher Schmand
frisches Koriandergrün
Salz, Pfeffer

Zwiebeln hacken, Pfefferschote entkernen und fein hacken und zusammen mit den Linsen in einem Topf in Butterfett andünsten. Dann mit der Gemüsebrühe auffüllen, zum Kochen bringen und etwa 20 Minuten ausquellen lassen. Pfeffern, salzen und mit gemahlenem Koriander würzen. Ab und zu muß umgerührt werden. Eventuell braucht es ein bißchen mehr Flüssigkeit. Sind die Linsen gar, wird der Schmand dazugegossen und alles mit dem Schneidestab püriert. Nach Geschmack nachwürzen und eine Handvoll gehacktes Koriandergrün untermischen.

Eventuell in Öl ausgebackene feine, knusprige Zwiebelringe über die Linsen streuen.

Leicht scharf, leicht sanft

Schweinefleisch, gebraten, mit Erdnußsauce

pro Person 140 g Schweineschnitzel
Mondamin
Sesamöl
Sojasauce

Für die Sauce:
Erdnußöl
2 Zwiebeln, in durchsichtige hauchfeine Ringe
  geschnitten
3 Knoblauchzehen, gehackt
1 kleine getrocknete Chilischote
Sojasauce
Saft von 1 Zitrone
brauner Zucker
200 g Erdnußbutter, grob, mit gehackten Erdnüssen

Das Fleisch wird in Streifen geschnitten, in Mondamin ge-
wälzt und in Sesamöl und Sojasauce mariniert. Während es
Geschmack annimmt, wird die Sauce bereitet. Etwas Erdnußöl kommt in einen Topf, dann werden die Zwiebelringe,
der Knoblauch, die zerbröselte Chilischote sehr schnell im
heißen Fett gewendet. Nun kommen 1 Eßlöffel Sojasauce,
der Zitronensaft und 2 Eßlöffel brauner Zucker dazu und die
Erdnußbutter. Rühren Sie alles schön glatt. Wenn die Masse
zu zäh ist, wird sie mit Wasser, oder besser Kokosmilch, ver-

flüssig und glattgerührt. Die Sauce hält sich ohne den Zusatz von Wasser oder Kokosmilch im Kühlschrank – in einem verschlossenen Glas aufbewahrt – mehrere Tage.

Nun schnell das Fleisch in heißem Öl rundherum scharf anbraten und mit der scharfen Sauce servieren.

Kalt, aber weich und befriedigend

༰

Avocadosuppe

3 reife Avocados
1 Becher Schlagsahne
1 / 2 Liter Hühnerbrühe (frisch oder aus Hühner-
*   suppenpaste)*
Saft von zwei Zitronen
Salz, Pfeffer
Schnittlauch

Die Avocados werden geschält und entkernt. Das Fruchtfleisch kommt zusammen mit der Schlagsahne, der Brühe und dem Zitronensaft in den Mixer, wo die Zutaten auf höchster Stufe schnell und glatt durchschnurren. Pfeffern, salzen und servieren. Zur Verzierung wird ein Häufchen sehr fein geschnittener Schnittlauch auf die Suppe gestreut. Sie kann sehr schnell zubereitet werden und sollte kalt und gleich gegessen werden, denn Avocado verfärbt sich leicht an der Luft. Wenn Sie die Suppe aufheben, decken Sie sie gut ab, und rühren Sie sie vor dem Servieren noch einmal gut durch.

Fett und fein

Räucherfischterrine

1 kleine Makrele oder anderer Räucherfisch
3 Schalotten
1 Knoblauchzehe
etwa 20 g Kapern
1/2 rote Paprikaschote
2 Eßlöffel Zitronensaft
Pfeffer, Salz

Häuten und entgräten Sie den Fisch. Hacken Sie die Schalotten sehr fein und noch viel feiner den Knoblauch. Hacken
Sie auch eine Handvoll Kapern und eventuell eine halbe
kleine rote Paprikaschote. Zerpflücken Sie das Fischfleisch,
und vermischen Sie es mit allen Zutaten. Dazu nehmen Sie
am besten zwei Gabeln.

Das ist ein wunderbar fettiger, würziger Aufstrich für ein
warmes Baguette. Dazu reicht ein kleiner Blattsalat aus frischem Spinat, mit Joghurt, Salz, Pfeffer und Zitrone ange-
macht.

Für eine weiche, ruhige Stimmung

Milchreis
aus dem Morgenland

1 Liter Milch
100 g Milchreis
4 Kapseln zerstoßener Kardamom
1/2 Teelöffel Zimt
1/2 Teelöffel gemahlene Gewürznelken
75 g Zucker
1 Handvoll Rosinen
2 Eßlöffel Rosenwasser (gibt es in türkischen
Supermärkten)

Zum Dekorieren:
Gehackte Pistazien
1 Tüte Mandelblättchen

Die Milch wird zum Kochen gebracht, der Reis gründlich gewaschen und dann in die heiße Milch gestreut. Nun werden die Gewürze dazugegeben, und der Reis kann eine Stunde lang auf kleiner Hitze köcheln. Ab und zu wird umgerührt. Nun kommen Zucker und Rosinen dazu, und der Reis kann eine weitere Stunde ausquellen, bis die Rosinen prall und dick sind. Immer mal umrühren zwischendurch und mehr Milch nachfüllen, wenn der Reis anfängt, zu kleben und dick zu werden. Am Schluß soll er eingedickt, aber cremig sein. Jetzt werden die Mandelblättchen ohne Fett in der Pfanne geröstet. Dann gießen Sie den Reis in eine Schüssel, rühren das Rosenwasser in die Masse und streuen Pistazien und die Mandelblättchen darüber. Im Morgenland verziert man den Brei bei festlichen Anlässen mit eßbarem Blattsilber.

Für einen behaglichen Sofa-Abend

✍

Gebackene Bohnen
in Portwein

500 g kleine weiße Bohnen
Olivenöl
125 ml Portwein
1 Handvoll Salbeiblätter
Salz, Pfeffer

Auf den Grund einer Auflaufform kommen 3 Eßlöffel Olivenöl, dann die Bohnen. Gießen Sie mit kochendem Wasser auf, so daß die Bohnen ganz bedeckt sind, schließen Sie den Topf, und lassen Sie ihn im Backofen bei gleichmäßiger Hitze 3–4 Stunden backen. Eventuell müssen Sie Wasser nachgießen. Wenn die Bohnen gar sind, gießen Sie den Portwein dazu und die Salbeiblätter, salzen, pfeffern und lassen das Ganze eine weitere halbe Stunde kochen. Am Schluß sind die Bohnen ganz weich und cremig. Dazu gibt es knuspriges Baguette und ein Glas Weißwein. Die Menge reicht für 4 – 6 Vegetarier. Sie können, wenn Sie mögen, während der ganzen Zeit auch 500 g gewürfeltes, nicht zu fettes Bauchfleisch oder mageres anderes Fleisch mitkochen. Dann reicht alles für 6 – 8 Personen.

Richtet wieder auf

๛

Italienische Bohnensuppe
mit Bandnudeln

300 g Borlotti-Bohnen (die gesprenkelten)
Olivenöl
2 Eßlöffel durchwachsener gewürfelter Speck
1 Brühwürfel
1 Zwiebel
Zimtpulver
300 g Tagliatelle (Bandnudeln)
Salz, Pfeffer
Parmesankäse

Die Bohnen müssen eine Nacht lang in kaltem Wasser ein-
weichen. Dann bedeckt man sie mit frischem Wasser, fügt
2 Eßlöffel Öl hinzu, den Speck, den Brühwürfel, die gehackte Zwiebel, Salz, Pfeffer und 1 Prise Zimt, bringt alles
zum Kochen und läßt es dann so lange garen, bis die Bohnen fast zerfallen sind. Das dauert etwa 3 bis 3 1/2 Stunden.
Dann bricht man die Bandnudeln oder andere Nudeln in
kleine Stücke und läßt sie noch 10 Minuten mitkochen. Die
Suppe wird mit geriebenem Parmesan aufgetragen. Sie sättigt 4 Personen, kostet wenig und ist ein stärkendes Mahl für
niedergeschlagene Menschen.

Erhellt das Gemüt

༷

Weißer Bohnensalat
mit geräucherter Makrele

500 g weiße Bohnen aus der Dose
1 geräucherte Makrele
2–3 Frühlingszwiebeln
4 Tomaten
Weinessig
Olivenöl
1 Knoblauchzehe
Salz, Pfeffer
evtl. Tomatenketchup

Die Bohnen werden in einem Sieb abgetropft und abgespült. Dann häutet, entgrätet und zerpflückt man die Makrele, schneidet die Frühlingszwiebeln in kleine Röllchen, stückelt das Tomatenfleisch (man kann die Tomaten auch häuten und entkernen) und mischt alles zusammen. Die Marinade wird aus Essig, Olivenöl, der gepreßten Knoblauchzehe, Pfeffer und Salz gemacht. Wer mag, fügt noch 1 Eßlöffel Tomatenketchup hinzu.

Zu diesem kräftigenden Salat gibt es frisches dunkles Brot und Rotwein.

Macht wieder lustig

✑

Eingelegter Brathering

8 Heringe oder entsprechend viele Sardinen oder
kleine Makrelen
3 Eier
Semmelbrösel bzw. Paniermehl
Butterfett

Für die Marinade:
1 / 2 Liter Essig
150 g Zucker
2 Eßlöffel Pimentkörner
3 Lorbeerblätter
1 große Zwiebel

Die Fische müssen geputzt und ausgenommen sein, der Kopf wird entfernt.

Die Zutaten für die Marinade werden zusammen erhitzt, bis sich der Zucker ganz aufgelöst hat.

Verquirlen Sie die Eier. Nun tupfen Sie die Fische trocken, wenden sie in der Eimasse und wälzen sie im Paniermehl. Erhitzen Sie das Butterfett, und legen Sie die Fische mit der Hautseite nach unten in das heiße Fett. Lassen Sie sie 4 Minuten garen, und wenden Sie sie dann, damit sie auch von der anderen Seite bräunen. Die gebratenen Fische werden auf Küchenpapier abgetropft und dann in eine flache Schüssel gelegt, wo sie mit der süßsauren Marinade übergossen werden. Die Fische sollen in der Marinade ganz auskühlen.

Am besten über Nacht und am besten im Kühlschrank.
Dazu werden Bratkartoffeln oder Kartoffelsalat gereicht.

Aufbauender Fisch

☙

Gegrillte asiatische Makrele

4 kleine Makrelen
1 Glas Reiswein oder Sherry
4 Eßlöffel japanische Sojasauce
100 g brauner Zucker
1 rote Chilischote
2 – 3 Frühlingszwiebeln

Nehmen Sie die Fische aus und filetieren sie, wobei die Haut
dranbleiben soll. Nun bereiten Sie die Marinade vor: Reiswein,
Sojasauce und Zucker werden so lange erhitzt, bis sich der
Zucker ganz aufgelöst hat. Dann abkühlen lassen. Wenn die
Flüssigkeit kühl genug ist, werden die Frühlingszwiebeln in
Ringe geschnitten und mit der klitzeklein geschnittenen
Chilischote dazugegeben. Legen Sie nun die Fischfilets in die
Marinade, und lassen Sie sie 2 Stunden bei Raumtemperatur
ziehen. Ab und zu müssen sie begossen werden. Legen Sie die
Makrelenfilets nun entweder in eine geölte Grillpfanne mit der
Hautseite nach unten, oder legen Sie sie auf einen Grillrost.
Wenn das Protein in weißen Tropfen an die Oberfläche
kommt, werden die Filets gewendet. Das dauert ungefähr 5 Mi-
nuten. Zwischendurch können sie immer mal wieder mit der
Marinade bepinselt werden. Dazu gibt es Reis oder nur Salat.

Nachtmahl für müde Bäuche

Bananenkrapfen

Bananen
200 g Mehl
3 Eßlöffel Zucker
1 Glas Weißwein
2 Eiweiß, steifgeschlagen
Fritierfett
Honig

Bereiten Sie aus Mehl, Zucker, Weißwein und dem Eischnee einen dickflüssigen Teig zu. Halbieren Sie nun die Bananen, und schneiden Sie sie in Stücke. Wälzen Sie die Bananenstücke in dem Weinteig – er kann auch mit der gleichen Menge Bier zubereitet werden –, und fritieren Sie sie in sehr heißem Fritierfett. Wenn sie goldbraun gebacken sind, nehmen Sie die Krapfen heraus und lassen sie auf Küchenpapier kurz abtropfen und entfetten. Dann werden sie auf Tellern angerichtet und noch heiß mit flüssigem Honig übergossen und serviert.

Jubel-jubel-Sweetie

&

Birnenauflauf mit Quark

500 g Birnen
Schale und Saft von 1 Zitrone
2 Eier
3–4 Eßlöffel Zucker
200 g Sahnequark
Butterfett

Zuerst schälen Sie die Birnen, halbieren sie, entfernen das Kerngehäuse und schneiden sie in Scheiben. Schichten Sie sie in eine gefettete Auflaufform.

Dann reiben Sie die Zitronenschale ab oder ziehen mit einem Zester feine Streifen von der gelben Haut. Nun entsaften Sie die Frucht und gießen den Saft über die Birnen. Verrühren Sie mit einem Quirl Eier, Zucker, Zitronenschale und Quark, und gießen Sie die Masse über die Birnen. So kommt der Auflauf in den Backofen, der auf 200° C vorgeheizt wurde, und dort wird er nach etwa 20 Minuten eine leckere, golden gebräunte Oberfläche bekommen. Der Auflauf schmeckt warm und kalt gleichermaßen toll.

Feierabend-Leckerei

≈

Graupenrisotto mit Gurke
und Lachsfilet

100 g Perlgraupen
1/2 Liter Milch
1/2 Salatgurke
1 Bund Dill
pro Person je 1 Lachsfilet mit Haut von
*   150 – 200 g*
Öl zum Braten
grobes Meersalz
Salz

Die Graupen werden in einem Sieb gewaschen und zusammen mit der Milch wie ein Risotto gekocht, bis sie weich und dick sind und die Milch aufgesogen haben. Wenn die Masse zu fest wird, muß etwas Milch nachgegossen werden. Rühren Sie ab und zu um, damit nichts anbrennt und Sie die Konsistenz prüfen können. Zwischendurch wird auch gesalzen. Dann schälen Sie die halbe Salatgurke – wenn es eine Biogurke ist, können Sie Teile der Schale dranlassen. Halbieren Sie die Gurke längs, entfernen Sie mit einem Löffel die Kerne, schneiden Sie die Gurkenhälften in sehr schmale Streifen und dann in ganz feine Würfelchen. Hacken Sie den Dill.

Während die Graupen garen, ritzen Sie die Lachsfilets auf der Hautseite mit einem sehr scharfen Messer rhombenartig ein, ölen Sie die Lachsfilets auf beiden Seiten ein wenig ein, und legen Sie sie mit der Hautseite nach unten in eine heiße Grillpfanne. Streuen Sie grobes Meersalz auf den Fisch, während die Unterseite brät. An der Schnittfläche sehen Sie, wann er halb durchgegart ist. Dann drehen Sie ihn um. Wenn Sie geduldig genug gewartet haben, ohne den Fisch neugierig von unten zu betrachten und ihn von der Pfanne zu lösen versuchen, löst sich die Haut ganz von allein, ohne zu kleben, und sie ist knusprig und gut gebräunt. Jetzt brät der Fisch von der anderen Seite und wird auf der Hautseite gesalzen. Wenn er noch einen fast rohen Kern hat, ist das sehr delikat. Währenddessen geben Sie die sehr kleinen Gurkenwürfelchen und den Dill in den heißen und cremigen Graupenbrei, füllen ihn nach ein paar Minuten auf die Teller und legen das Fischfilet daran. Die Gurkenstückchen müssen gar nicht ganz gar werden. Sie geben diesem weichen, schmelzigen Graupenrisotto erst den richtigen Biß. Die Graupen kann man auch mit etwas Milch oder Brühe oder einer Mischung wieder aufwärmen und zu Fleisch servieren.

Wie Sie Ihr Gedächtnis nähren und Brainpower futtern

Es gibt sicherlich kein Essen, das Ihnen hilft, alles aus dem Gedächtnis abzurufen, was Sie einmal gelernt haben, oder das Ihnen den Kuß der Muse ersetzt, aber bestimmte Speisen enthalten genau die Bestandteile, die wir brauchen, um unseren Geist auf Trab zu bringen, geistig beweglich zu bleiben, die Motivation zu steigern und das Erinnerungsvermögen. Somit haben wir rein ernährungstechnisch durchaus die Möglichkeit, uns optimal auf einen Vortrag, eine lange und schwierige Sitzung oder auf eine Prüfung vorzubereiten. Falls wir schlecht vorbereitet sind, wird uns die Speise zwar wenig nützen, aber mit einem klaren und wachen Kopf, mit Witz, Ausgeglichenheit und guter Laune hat schon manch ein Desaster verhindert werden können. Wenigstens für diesen Fall kann man sich wappnen. Besonders Schulkinder sollten deshalb nicht einfach mit irgendwelchen zuckrigen Riegeln abgefüttert werden. Man kann ihnen das manchmal langweilige und anstrengende Schulleben ein wenig erleichtern, wenn man dafür sorgt, daß sie nicht einschlafen, daß sie munter bleiben, gelassen und konzentriert.

Auf einen Blick

Nahrungsmittel, die besonders geeignet sind, für einen wachen Verstand, Merkfähigkeit und ein gutes Gedächtnis zu sorgen:
Keimlinge von Senf- und Rettichsaat, von Mungobohnen und Alfalfa, die Sie leicht auf der Fensterbank selbst ziehen können. Sie peppen jedes Schulbrot auf mit ihrer sanften Schärfe.
Sonnenblumenkerne, Samen, Nüsse und Mandeln können Sie auf Salate streuen und auf alle Desserts.
Kartoffeln, Reis, Hülsenfrüchte, Vollkorngetreide.
Leber, Geflügel, Eier und Käse.
Meeresfrüchte.
Für einen schnellen, kurzfristigen Kick sorgen auch Schokolade und Kakao.

Getränke, die den Geist ermuntern:
Kräutertees mit Pfefferminze, Melisse, Eisenkraut und Ingwer.
Kaffee, Kakao, Yogi-Tee, Guarana- und Colagetränke, Frucht- und Gemüsesäfte, Weißwein und Champagner.

Gewürze zur Anregung und Konzentration:
Bohnenkraut, Chili, Peperoncini, Ingwer, Koriander,
Kümmel, Knoblauch, Muskatnuß, Paprika, Pfeffer,
Rosmarin, Safran, Salbei, Vanille, Zimt.

Kräfte für die Kleinen

~

Schülerfrühstück

Verschiedene Getreideflocken und Nüsse oder ein fertig gemischtes Müsli mit Trockenfrüchten und Knusperflakes, dazu frisches Obst. Das Ganze wird mit Milch, Joghurt oder mit honiggesüßtem Quark serviert. Das flutscht und macht die Kleinen fit.

Pausenbrot

- Vollkornbrot mit Frischkäse bestrichen und Bananenhälften belegt.
- Vollkornbrötchen mit Salatblatt, gekochtem Schinken und Käse.
- Vollkornbrot mit Salatblatt, Schafskäse und Tomatenscheiben
- Vollkornbrötchen mit Mozzarella und Tomate und Basilikum.
- Vollkornbrötchen mit gewürztem Quark und Kresse.

Auch die Suppe bleibt im Gedächtnis

Provenzalische Fischsuppe

Fischköpfe und Gräten
3 Lorbeerblätter
1 Handvoll Fenchelsamen
4–6 Pimentkörner
6–8 Pfefferkörner
1 Fenchelknolle
1 / 2 Staudensellerie
2 Zwiebeln
1 / 2 Gemüsesellerie
2 Knoblauchzehen
1 Dose Tomaten (500 g)
Olivenöl
trockener Wermut, Pernod, Weißwein
Fischfilets, auch Garnelen oder Muscheln,
  pro Person insgesamt 150 g
Salz, Pfeffer

Bedecken Sie die Fischabfälle mit Wasser, geben Sie die Gewürze und Salz dazu sowie ein paar gewaschene Abfälle von dem Gemüse, und kochen Sie den Sud 1 Stunde lang. Geben Sie ihn durch ein Sieb, werfen Sie die festen Bestandteile weg, und kochen Sie die Brühe weiter ein. Schmoren Sie nun das geputzte und zerkleinerte Gemüse in einem Topf mit Olivenöl an und bedecken es dann mit Flüssigkeit, die zu drei Vierteln aus der Fischbrühe und zu einem Viertel aus Wein besteht. Dazu kommt ein gehöriger Schuß trockener Wermut. Außerdem kommen noch eine Dose gestückelte Tomaten und zwei Knoblauchzehen dazu. Lassen Sie die Suppe 1 Stunde lang kochen, pürieren Sie sie mit einem Zauberstab und schmecken dann kräftig ab – mit Salz und Pfeffer und eventuell einem Schuß Pernod. Nun zerschneiden Sie die Fischfilets in nicht zu kleine Stücke und legen sie mit dem Meeresgetier in die heiße Brühe, wo sie langsam garziehen. Serviert wird die Suppe in tiefen Tellern. Dazu gibt es Knoblauch-Croutons. Ein paar Scheiben Weißbrot oder Toastbrot werden gewürfelt und in einer Pfanne in Olivenöl braun gebraten. Wenn sie fast fertig sind, preßt man eine oder zwei Knoblauchzehen darüber und streut sie über die Suppe.

Beliebt ist auch eine *Knoblauchmayonnaise*. Sie wird als dicker Klacks auf geröstete Baguette-Scheiben gesetzt, die auf der Suppe schwimmen.

Knoblauchmayonnaise

1 Eigelb
Zitronensaft
Senf
ca. 1/4 Liter geschmacksneutrales Pflanzenöl
2–3 Knoblauchzehen
Tomatenmark
Salz, Pfeffer

Mayonnaise bereiten Sie am besten mit einem Zauberstab zu. Verquirlen Sie 1 Eigelb mit 1 Spritzer Zitronensaft und 1 Teelöffel Senf. Fügen Sie dann, zuerst tröpfchenweise und später in dünnem Strahl, das Pflanzenöl hinzu, bis die Masse fest genug ist. Pressen Sie nun 2–3 Knoblauchzehen in die Mayonnaise und würzen mit Salz und Pfeffer. 1 Teelöffel Tomatenmark gibt eine schöne Farbe und eine leichte Süße.

Kräuter-Kick

❧

Gemüseflan mit Kräuterschaum

300 g Sellerie
Zitronensaft
1 kleine Karotte
150 g tiefgekühlte Erbsen
8 vom Stiel befreite Mangoldblätter
2 Eier
4 Eßlöffel Crème fraîche
2 Handvoll Gartenkräuter (Schnittlauch, Dill,
    Liebstöckel, Kerbel, Kresse oder andere)
50 g Butter
Pfeffer, Salz

Heizen Sie den Backofen auf 180° C vor. Der Sellerie wird geschält, gewaschen, gewürfelt und 10 Minuten lang in wenig Salzwasser weichgekocht. Dann nehmen Sie ihn mit einer Schaumkelle aus dem Topf und geben einige Spritzer Zitrone darüber. Nun wird die Karotte in sehr feine Würfelchen geschnitten und zusammen mit den Erbsen in Salzwasser einige Minuten blanchiert und dann abgegossen. Genauso ergeht es den Mangoldblättern, die, wenn sie weich sind, aus dem Wasser gefischt und auf einem Tuch ausgebreitet werden. Der Sellerie kommt mit den Eiern und 1 Eßlöffel Crème fraîche, etwas Pfeffer und Salz in den Mixer, wo er zu einer glatten Masse durchschnurrt. Mischen Sie die Selleriecreme mit den Karottenstückchen und den Erbsen. Nun buttern Sie 8 kleine Souffléförmchen aus, kleiden sie mit den Spinatblättern aus, füllen die Gemüsemischung hinein, schlagen die Spinatränder über die Gemüsemischung und setzen die Förmchen in ein Wasserbad in den Backofen. Dort werden die Gemüseflans in etwa 30 Minuten fest.

Die Kräuter werden fein gehackt, in Butter gedünstet und dann zusammen mit der verbliebenen Crème fraîche mit dem Zauberstab schaumig aufgemischt, gepfeffert und gesalzen. Stürzen Sie nun die Gemüseflans auf Teller, und umgeben Sie sie mit dem Kräuterschaum.

Für Geradeaus-Gedanken

෴

Gersten- und Linseneintopf

150 g Gerste
150 g Linsen
1 Lorbeerblatt
2 Gewürznelken
1 Bund Suppengemüse
1 Zwiebel
Butter
Weißwein
100 g geriebener Emmentaler
Salz, Pfeffer

Gerste und Linsen werden zusammen in einem Topf mit 3/4 Liter Wasser für 2 Stunden eingeweicht und dann 30 Minuten lang zusammen mit dem Lorbeerblatt und den Gewürznelken gekocht. Das Suppengemüse waschen, putzen, in kleine Stücke schneiden, ebenso die Zwiebel, in Butter kurz andünsten und dann zu der Gersten-Linsen-Mischung geben. Nun kochen Sie alles noch etwa 20 Minuten lang und würzen kräftig mit Salz, Pfeffer und Weißwein. Dann rühren Sie den geriebenen Käse in das Gemüse und servieren den köstlich duftenden Eintopf.

Fegt durch den Kopf

Karotten in Ingwer-Honigsauce

500 g möglichst kleine Karotten
30 g Butter
2 dicke Knubbel frischer Ingwer
2 Eßlöffel Honig
Salz, Pfeffer

Die Karotten werden geschält, gewaschen und in ganzer Größe in Butter angedünstet. Dann gießen Sie eine Tasse Wasser dazu und lassen sie 15 Minuten lang köcheln. Währenddessen schälen Sie den Ingwer und schneiden ihn in feine Scheibchen oder hacken ihn klein und geben ihn zu den Karotten. Nun kommt auch der Honig dazu. Das Wasser ist bald ganz verdampft, der Ingwer ist weich und etwas scharf, und die Karotten bräunen leicht im süßen Honigschmelz. Wenn Sie mögen, pfeffern und salzen Sie noch ein wenig.

Das ist ein sehr erbauliches kleines Gericht. Mit und ohne Parmaschinken.

Speed fürs Gehirn

෯

Tatar und Kaviar

pro Person:
125 g Rindfleischtatar
1 Eigelb
1 Eßlöffel Zitronensaft
1–2 Eßlöffel Lachs- oder Forellenkaviar
1 Eßlöffel Kresse
Salz, Pfeffer

Vermischen Sie das Tatar mit Salz, Eigelb, viel frischem Pfeffer und Zitronensaft, und formen Sie kleine Bälle daraus. Streuen Sie die Kresseblättchen auf einen Teller, und setzen Sie die Bällchen im Dreieck in die Mitte. Nun klecksen Sie in 3 kleinen Portiönchen den Kaviar zwischen die Bällchen und servieren sofort. Dazu gibt es gebutterten Toast.

Unbeschwerte Kleinigkeit

Gratinierter Ziegenkäse
auf Birnen-Chutney

1 Ziegenkäsetaler à 100–150 g pro Person

Gratiniersauce
100 ml Schlagsahne
2 Eier
Salz, Pfeffer

Chutney
1 oder 2 Birnen
1 Zwiebel
1 Stück frischer Ingwer
1 Eßlöffel Senfkörner
Weinessig
Cayennepfeffer
brauner Zucker
Salz

Für die Gratiniersauce schlagen Sie in einem hohen Gefäß Sahne, Eier, Salz und Pfeffer schaumig.

Birnen, Zwiebel und Ingwer werden von Kernen und Häuten befreit und in dünne Scheibchen geschnitten. Dann kommt ein Schwung Senfkörner dazu, ein Eßlöffel Weinessig, Salz, Pfeffer und Zucker, und dann wird die Masse weichgekocht. Eventuell muß etwas verflüssigt werden mit Wein. Noch einmal kräftig sauersüßscharf abschmecken.

Setzen Sie nun ein Häufchen Chutney auf ein Tellerchen, und legen Sie einen Ziegenkäsetaler auf den Gipfel. Übergießen Sie den Käse mit einem Teil der Gratiniersauce. Nun kommt das Tellerchen in den Backofen unter den Grill, wo es etwa 15 Minuten braucht, bis die Sauce goldbraune Brandblasen bekommt. Dazu gibt es Baguette.

Beflügelt den Geist

Brathähnchen mit Sesam

2 Brathähnchen, jeweils geviertelt

10 Eßlöffel japanische Sojasauce

3 Eßlöffel Honig

2 Teelöffel Sesamöl

3 Eßlöffel Sesamsamen

1 Teelöffel gemahlener Ingwer

2 zerdrückte Knoblauchzehen

Alle Zutaten werden miteinander vermischt und über die Hähnchenteile gegossen. Massieren Sie die Würze in das Fleisch ein, und lassen Sie es 2 Stunden marinieren. Ab und zu wird das Fleisch gewendet. Die Hähnchenteile werden dann im Backofen gegrillt und dabei immer wieder mit der Marinade bepinselt. Dazu gibt es Reis und ganz kurz in heißem Fett gewendete Sojabohnensprossen, die mit etwas Zuckerwasser abgelöscht werden. Oder einfach nur ein warmes Baguette.

Gezähmtes Temperament

෮

Spanisches Omelett

Kartoffeln
Zwiebeln
Olivenöl
Eier
Schnittlauch
Tomatenviertel
Salz

2/3 Kartoffeln und 1/3 Zwiebeln, so viel in Ihre Pfanne passen, werden roh geschält und in kleine Würfel geschnitten. Erhitzen Sie so viel Olivenöl in einer Pfanne, daß zunächst nur die Kartoffeln gut eingebettet sind. Salzen, pfeffern, 10 Minuten braten und dabei ab und zu wenden. Wenn die Kartoffeln fast gar sind und Farbe annehmen, kommen die Zwiebeln dazu. Dann geben Sie alles in ein Sieb, lassen die Kartoffel-Zwiebel-Mischung gut abtropfen und füllen sie in eine Schale.

Schlagen Sie nun 2–4 Eier schaumig, salzen die Masse und rühren sie unter die Kartoffeln. Neues Öl in der Pfanne erhitzen, die Mischung in die Pfanne gießen und bei mittlerer Hitze 2–3 Minuten braten, bis das Ei unten fest ist, aber oben noch nicht trocken. Nun wenden Sie das Omelett, indem Sie einen großen Topfdeckel auf die Pfanne legen, die Pfanne umdrehen und das gleichfalls umgedrehte Omelett in die Pfanne zurückgleiten lassen. Garnieren Sie mit Schnittlauch und Tomatenvierteln. Das ist für ein bis zwei Personen üppig bis ausreichend. Bei vier Personen muß gerecht geteilt und ein Salat dazu serviert werden.

Für eine wache Runde

Coq au vin

10 Hähnchenschenkel
125 g durchwachsener Speck
2 Knoblauchzehen
1 große Zwiebel
250 g Champignons
1/2 Liter Rotwein
5 Eßlöffel Sonnenblumenöl
Salz, Pfeffer

Erhitzen Sie das Öl in einem Bratentopf, braten Sie die Schenkel von allen Seiten knusprig braun an, und legen Sie sie beiseite. Nun geben Sie den Speck dazu, den Sie vorher würfeln. Dünsten Sie zwei gehackte Knoblauchzehen und eine gehackte Zwiebel kurz an, geben Sie die Champignons dazu, die ruhig ganz bleiben dürfen, und legen Sie die Hähnchenschenkel wieder in den Topf. Nun übergießen Sie das Ganze mit dem Wein und lassen es zugedeckt 1 Stunde köcheln, bis das Hähnchenfleisch gar ist, pfeffern und salzen eventuell nach und servieren den Coq au vin mit Baguette oder mit Kartoffelbrei.

Weicheier für kluge Köpfe

∽

Eier in Burgundersauce

50–100 g durchwachsener Speck
1–3 Knoblauchzehen
1 Zwiebel
1 Flasche Rotwein (= 0,75 l)
Thymian
1 Lorbeerblatt
Zucker
1 Teelöffel Butter
1 Teelöffel Mehl
2 Eier pro Person
Salz, Pfeffer

Braten Sie eine Handvoll Speckstückchen in Butter, nehmen Sie sie heraus und legen sie auf Küchenpapier. In dem Speckfett dünsten Sie den gehackten Knoblauch und die gehackte Zwiebel. Nun gießen Sie eine ganze Flasche Burgunder darüber, pfeffern, salzen, geben den Thymian, das Lorbeerblatt und eine Prise Zucker dazu. Die Sauce muß 45 Minuten lang einkochen. Nun gießen Sie die Sauce durch ein Sieb in einen anderen Topf und lassen sie weiterköcheln. Damit sie dicker wird, verkneten Sie ein Stückchen Butter mit einem Teelöffel Mehl und lassen es sich in der Sauce auflösen. Schlagen Sie nun ein Ei in einer Tasse auf, und lassen Sie es zügig in die Sauce gleiten. Dann das nächste Ei, aber nicht mehr als drei sollen sich drängeln. Nach 4 Minuten sind die Eier gut. Nehmen Sie sie mit einer Schaumkelle heraus, halten Sie sie warm und beginnen Sie mit der nächsten Portion. Legen Sie eine Scheibe Vollkorntoast in einen Teller, und plazieren Sie zwei rote Eier auf das Brot. Nun gießen Sie Sauce über die Eier und das Brot und sprenkeln zum Schluß noch den abgetropften knusprigen Speck darüber.

Konzentrierte Schlemmerei

⟶

Bohnen und Fisch

2 große Kartoffeln
1 kleine Dose gestückelte Pizza-Tomaten
weiße Bohnen in der Dose (ca. 400 g Abtropf-
gewicht)
1 Glas Weißwein
Olivenöl
20 Salbeiblätter
1 Zweig Rosmarin
für jeden ein Fischfilet à 200 g
Salz, Pfeffer

Die Kartoffeln werden ganz klein gewürfelt und für ein paar Minuten in kochendes Wasser geworfen, damit sie schnell gar sind. Die Tomaten werden dann mit den Kartoffeln und den Bohnen, einem Glas Weißwein und 2 Eßlöffeln Olivenöl in einer Auflaufform vermischt. Salz, Pfeffer, Salbeiblätter und Rosmarin kommen dazu und obenauf die Fischfilets. Dann verschwindet die Form für etwa 20 Minuten im heißen Ofen. Länger brauchen die Filets nicht, um gar zu werden, die Bohnenunterlage ist es ja schon und braucht bloß zu wärmen.

Anregender Schmaus

∽

Lebergehäck

250 g Putenleber, Gänseleber oder Hähnchenleber
1 Eßlöffel Salbei, getrocknet
50 g Butter
1 Schuß Portwein
Pfeffer, Salz
Butterfett

Die Leber wird mit zerbröseltem getrocknetem Salbei, viel Pfeffer und Salz gewürzt, in Butterfett von allen Seiten angebraten und mit Portwein gelöscht. Sie soll noch in der Pfanne erkalten, und dann wird sie mit einem schweren Messer auf einem Brett möglichst fein gehackt. Vermischen Sie sie mit 50 g zerlassener Butter, und lassen Sie sie im Kühlschrank fest werden. Das ist ein köstlicher Aufstrich für ein frisches Sonntagsbrötchen.

Fit im Kopf

∽

Salbei-Leber

pro Person 1 Scheibe Kalbsleber oder Lammleber
*   oder Hähnchenleber*
3 in Ringe geschnittene Zwiebeln
1 Becher Sahne
1 Glas Weißwein
1 Handvoll Salbeiblätter
Butterfett
Salz, Pfeffer

Die Leberscheiben werden in 4 Teile geschnitten und in heißem Butterfett schnell und kurz von beiden Seiten gebraten. Herausnehmen und beiseite stellen. In das Butterfett kommen jetzt die Zwiebelringe, die nach dem Anbraten mit Sahne und Wein abgelöscht werden und dann gar schmoren. Schmecken Sie die Sauce mit Pfeffer und Salz ab, geben Sie die Salbeiblätter dazu und eventuell noch Wein. Kochen Sie die Sauce etwas ein. (Ein pflanzlicher Saucenbinder ist nützlich.) Nun legen Sie die Leberstücke in die Pfanne zurück, erhitzen sie nur kurz und servieren die Leber zu warmem Baguette oder zu Kartoffelbrei.

Sanfter Schubs fürs Gehirn

Käseflan mit dicken Bohnen

1 / 2 Liter Milch
3 Eier
100 g geriebener Käse (Gruyère, Appenzeller, auch
  geriebene Käsereste)
2 Tomaten
1 Zwiebel
400 g dicke Bohnen im Glas
1 Büschel Bohnenkraut
Salz, Pfeffer, Muskat

Die dicken Bohnen müssen nicht immer für einen deftigen deutschen Eintopf herhalten, sie können auch leicht und fein zubereitet werden, und anstatt den Magen zu beschweren, erleichtern sie, gut gewürzt, die Kopfarbeit.

Heizen Sie den Backofen auf 150° C vor, würzen Sie die Milch kräftig mit Salz, Pfeffer und Muskat, und erhitzen Sie sie. Die Eier werden verquirlt und mit dem geriebenen Käse vermischt. Rühren Sie nun die Eier-Käse-Masse unter die heiße, aber nicht mehr kochende Milch, und füllen Sie die Flüssigkeit in 4 – 6 gebutterte Förmchen. Stellen Sie die Förmchen in eine Schale mit Wasser, und lassen Sie die Käseflans in etwa 40 Minuten im Backofen fest werden.

Häuten Sie die Tomaten, entkernen und hacken sie in Würfelchen. Hacken Sie nun auch die Zwiebel und braten sie in Butter glasig. Geben Sie Tomaten und Bohnen dazu und das vom Stengel gezupfte Bohnenkraut. Salzen und pfeffern Sie das Gemüse, und verteilen Sie es auf den Tellern. Der warme Käseflan wird mit dem Messer aus den Förmchen gelöst und in die Mitte des Gemüses plaziert.

Rezeptverzeichnis

Alphabetisches Rezeptregister

Der Reichtum der einfachen Küche

Wer sich nach ursprünglichen und preiswerten Gerichten
sehnt, die zudem noch leicht nachzukochen sind,
kann sich mit diesen Rezepten aus sechs
beliebten Urlaubsländern verwöhnen
oder verwöhnen lassen.

Eva Gesine Baur,
Irène Furtwängler
Italien
dtv 36040

Eva Gesine Baur,
Monika Arndt
Deutschland
dtv 36043

Eva Gesine Baur
Frankreich
dtv 36041

Eva Gesine Baur,
Renate Zeltner
Österreich
dtv 36044

Eva Gesine Baur,
Anuschka Seifert
Spanien
dtv 36042

Eva Gesine Baur,
Beat Wüthrich
Schweiz
dtv 36045

»Eine wunderschöne Reihe – und fast ein Muß für alle,
denen Essen mehr bedeutet als satt werden.«
Deister- und Weserzeitung

»Eine wichtige Buchreihe für Genießer: Wer sich in der
einfachen Küche nicht gut auskennt, wird es in der
feinen erst recht zu nichts bringen.«
Peter Ploog, Chefredakteur von 'essen & trinken'

dtv